MARLIS
PÖRTNER

GESCHENKTE
JAHRE

*Glücksmomente und
Herausforderungen ab 80*

KLETT-COTTA

Klett-Cotta
www.klett-cotta.de
© 2016 by J. G. Cotta'sche Buchhandlung
Nachfolger GmbH, gegr. 1659, Stuttgart
Alle Rechte vorbehalten
Printed in Germany
Umschlag: Rothfos & Gabler, Hamburg
Unter Verwendung von »The Trumpington Apple« 1819 von William
Hooker, © Lindley Library, RHS, London, UK/Bridgeman Images
Gesetzt von r&p digitale medien, Echterdingen
Gedruckt und gebunden von Friedrich Pustet GmbH & Co. KG,
Regensburg
ISBN 978-3-608-98062-2

Bibliographische Information der Deutschen Nationalbibliothek
Die Deutsche Nationalbibliothek verzeichnet diese Publikation in der
Deutschen Nationalbibliografie; detaillierte bibliografische
Daten sind im Internet über http://dnb.d-nb.de abrufbar.

Dieses Buch ist in Dankbarkeit all den Menschen gewidmet, die mich persönlich und beruflich, über kürzere oder längere Zeit, auf meinem Lebensweg begleiten und wesentlich dazu beitragen, dass ich in diesen späten Jahren immer wieder neue Einsichten gewinnen und unverhoffte Glücksmomente erleben kann.

Inhalt

Auftakt

Noch einmal ein Buch schreiben? Muss das sein? Ist nicht alles gesagt, was ich zu sagen habe? Mit Sicherheit wird es mein letztes Buch. Das habe ich zwar schon bei den beiden vorhergehenden gedacht, doch die Wahrscheinlichkeit nimmt zu mit den Jahren und die Schaffenskraft ab. Auch mehren sich die Skrupel: Schaffe ich das überhaupt noch? Was soll es denn werden: Fachbuch, Sachbuch, Ratgeber, persönliche Rückschau? Ich weiß es nicht. Wohl keines davon oder von jedem etwas. Ich bin froh, dass andere später das im Buchgeschäft unerlässliche Einordnen übernehmen. Ich muss dann nur noch die formalen Aspekte (Zitate, Literaturangaben etc.) den entsprechenden Anforderungen anpassen. Beim Schreiben denke ich nicht in diesen Kategorien. Eigentlich erstaunlich, dass meine Bücher trotzdem (oder vielleicht gerade deshalb?) von ganz unterschiedlichen Menschen gern gelesen werden.

Meine fachlichen Überlegungen beruhen stets auf Erfahrungen, beruflichen *und* persönlichen, die ich im Kontext des Fachwissens reflektiere und weiterdenke. Triebfeder meines Schreibens sind Anliegen, die mir auf den Nägeln brennen, Themen, Gedanken, Fragen, die in meinem Kopf herumschwirren. Einzelne Sätze kristallisieren sich heraus, die mir keine Ruhe lassen, bis ich sie aufgreife und den Faden schreibend weiterspinne, auch wenn ich noch nicht genau weiß, wohin er mich am Ende führen wird. So war es bei jedem Buch, und so ist es jetzt wieder.

Ich möchte so etwas wie ein Fazit ziehen, aus persönlicher *und* aus fachlicher Sicht. Die beiden Bereiche durchdringen sich mehr und mehr. Was ich beruflich als wichtig erkannt und in Büchern, Weiterbildungen und Vorträgen vertreten habe in Bezug auf einen verständnisvolleren Umgang mit behinderten und alten Menschen, ist inzwischen auch für mich selber von Bedeutung. Umgekehrt sind persönliche Erfahrungen oft ein wichtiger Schlüssel zu fachlichen Erkenntnissen.

Im Umgang mit behinderten Menschen sind neue, zum Teil sehr positive Entwicklungen in Gang gekommen. Sie bestätigen und unterstützen das, wofür ich mich seit Jahren einsetze, und regen mich zum Weiterdenken an. Doch es zeichnen sich auch fragwürdige Tendenzen ab, die Anlass zur Besorgnis geben. Zu beiden Entwicklungssträngen habe ich noch einiges zu sagen. Dabei geht es mir nicht allein um dieses spezielle Fachgebiet. Meine Überlegungen beziehen sich auf jegliche Arbeit mit Menschen (sei es in Psychotherapie, Betreuung, Pflege oder Pädagogik) und auf unsere Einstellung gegenüber anderen Menschen überhaupt. Durch die Begegnung mit behinderten Menschen und ihren vielfältigen Erlebensweisen ist für mich manches sichtbar geworden – gleichsam wie durch ein Vergrößerungsglas –, was allgemein von Bedeutung ist für den Umgang mit anderen Menschen und mit sich selber.

Ich erlebe jetzt an mir, was es heißt, sich mit Beeinträchtigungen herumzuschlagen, wie es sich anfühlt, umständlicher, langsamer, weniger beweglich zu sein als andere. Ich sehe noch deutlicher als bisher, auf welch feine Nuancen es bei der Begleitung, Betreuung und Pflege von alten und/oder behinderten Menschen ankommt und wie entscheidend diese Nuancen das Wohlbefinden beeinflussen. Sie zu beachten ist ein grundlegendes Element der personzentrierten Arbeitsweise, doch leider noch längst nicht überall selbstverständlich. Es bleibt nach wie vor viel zu tun, und solange ich kann, möchte ich meinen Teil dazu beitragen. Ich weiß, das wird nicht mehr lange sein.

Das Gefühl wächst: Ich habe getan, was ich konnte. Jetzt werden andere das Begonnene fortsetzen, lebendig erhalten und weiterentwickeln. Dass einige der Samenkörner, die ich im Lauf der Jahre ausgestreut habe, auf fruchtbaren Boden gefallen sind und zu kleinen oder größeren Pflanzen heranwachsen, erfüllt mich mit Zuversicht. Da und dort ist bereits ein stattlicher Baum daraus geworden. Manche Samenkörner beginnen gerade erst zu keimen. Andere sind verkümmert oder haben nur schwache Triebe entwickelt (die bei sorgfältiger Hege vielleicht noch wachsen könnten). Wieder andere sind gar nicht aufgegangen. Und einige vielversprechende Triebe wurden später in Bonsai Art zurechtgestutzt, verkrüppelt und bis zur Unkenntlichkeit verzerrt – leider. Ich kann es nicht ändern und finde mich damit ab – mit Bedauern zwar, doch mit zunehmender Gelassenheit. Umso dankbarer bin ich all den engagierten Menschen, die das, was ich angestoßen habe, in ihrem Arbeitsalltag konsequent zu verwirklichen und kontinuierlich zu verankern suchen und dazu beitragen, dass die Saat weiter aufgeht.

Noch einmal hat eine neue Etappe auf meinem Lebensweg begonnen. Wieder sind Veränderungen zu bewältigen, ist Umdenken und Neuorientierung erforderlich. Mein Hinweis »ich bin nicht mehr siebzig« wird meist irritiert oder verlegen lächelnd beiseite geschoben. Doch tatsächlich besteht zwischen siebzig und achtzig ein spürbarer Unterschied. Vielleicht macht sich der Einschnitt nicht genau zwischen 79 und 80 bemerkbar, doch er kommt unweigerlich irgendwann in diesen Jahren. Altersbedingte Beeinträchtigungen nehmen zu und fordern ihren Tribut. Der Tod ist nochmals ein Stück näher gerückt. Demnächst sterben zu müssen, ist nicht mehr nur eine verschwommene Gewissheit im Hintergrund. Es ist jetzt vorstellbar. Das ist eine markante Veränderung. Eine leise Wehmut legt sich über die verbleibende Zeit, und der Gedanke: »Vielleicht ist es das letzte Mal« ist allgegenwärtig. Das ist weder lähmend noch deprimierend, sondern gibt dem Hier und Jetzt umso mehr Bedeutung. Noch kostbarer werden die Tage, die Stunden, die immer schneller zerrinnen.

Die Zeit vergeht immer schneller, zugleich werde ich immer langsamer. Ich genieße es, mir Zeit lassen zu können, und zugleich sitzt mir das Bewusstsein im Nacken, dass nicht mehr viel Zeit bleibt für das, was ich noch tun möchte. Solche »Gegenspuren« prägen das

Leben mit über achtzig und sie verändern die Perspektiven.

Im »hohen Alter« (seltsam, diesen Begriff auf sich selber zu beziehen) wird das Leben keineswegs ärmer. Gewiss, der Lebensradius verkleinert sich, der Spielraum wird durch Beeinträchtigungen eingeschränkt. Doch zugleich erweitert sich der Horizont in diesem begrenzten Raum, weil sich der Blick für Naheliegendes schärft; die kleinen Dinge, die man in jungen Jahren so leicht übersieht, werden aufmerksamer wahrgenommen und intensiver erlebt. Damit eröffnen sich unverhoffte Einsichten. Erfahrungen aus verschiedenen Lebensbereichen und Lebensphasen fließen zusammen in einen gemeinsamen Strom. Das bisher Gelebte rundet sich zu einem Ganzen und offenbart so in ganz neuer Weise seinen Sinn. Es ist sehr beglückend, das noch zu erleben.

Heimkehr und Neubeginn

Manche meiner Leser hatten es vorausgeahnt und mich mehrmals darauf angesprochen. Für mich kam es überraschend: Ich bin wieder in die Stadt zurückgezogen. Das war nicht vorgesehen. Gewiss, der Gedanke ist als Wunschfantasie in meinem letzten Buch kurz aufgetaucht, doch eine ernsthafte Absicht steckte nicht dahinter. Die hat sich erst im Sommer 2011 abgezeichnet, als ich nach einer komplizierten Schulteroperation in meiner Bewegungsfreiheit stark eingeschränkt war und wochenlang in meiner ländlichen Wohnung festsaß.

Dass sich schon kurz nach der Operation eine erste leise Andeutung abgezeichnet hat, ist mir erst im Nachhinein bewusst geworden. Meine Tochter besuchte mich im Krankenhaus, wir spazierten zusammen zu dem kleinen Balkon am Ende des Flurs, wo man weit über den Zürichsee auf das gegenüberliegende Ufer bis hin zu den Schneebergen am Horizont blickte – und auf mein früheres Wohnquartier direkt unter uns. »Schön ist es hier«, sagte meine Tochter. Und da schoss mir durch den Kopf: Ich gehöre hierher – wie ein Blitzlicht, das gleich wieder erlosch. Später stellte sich heraus, dass meine Tochter in dem Moment genau das gleiche gedacht hatte.

Erst in der Zeit danach verdichtete sich der flüchtige Gedanke allmählich zum konkreten Entschluss. Während sechs Wochen war mein rechter Arm Tag und Nacht in Schulterhöhe auf einem Keil fixiert. Das war äußerst unbequem und behinderte mich erheblich. Für alles, was nicht einhändig machbar war, brauchte ich Hilfe. Beim Duschen, Anziehen und anderen Alltagsverrichtungen war ich auf ambulante Pflegedienste angewiesen. Die Frauen machten ihre Sache sehr gut, lästig war nur, dass sie vorher nie genau sagen konnten, wann sie kommen würden. Manchmal vertrödelte ich den halben Vormittag mit Warten. Ein Glück, dass ich wenigstens allein zur Toilette gehen und das Zähneputzen, etwas mühsam zwar, mit der linken Hand bewältigen konnte, sodass ich den Pflegedienst nur einmal am Tag in Anspruch nehmen musste. Um die Mittagszeit kam fast immer jemand vorbei, meistens meine Tochter oder dann mein Sohn, einer der Enkel oder auch mal Freunde. Sie kauften für mich ein, bereiteten das Essen zu und richteten die Überbleibsel der reichlich bemessenen gemeinsamen Mahlzeit so her, dass ich sie später noch einmal aufwärmen und problemlos mit einer Hand essen konnte. Wie sehr man im Alltag ständig beide Hände braucht, wurde mir erst jetzt so richtig bewusst.

Schön war es, spontane nachbarschaftliche Hilfe zu erleben. Als meine Wohnungsnachbarin mich mit dem fixierten Arm sah, anerbot sie sich sofort, mir alle paar Tage die Haare zu waschen, sie sei dafür mit allem Nötigen eingerichtet. So erfuhr ich, dass sie früher einen eigenen Coiffeursalon geführt hatte, den sie aufgeben musste, als die Liegenschaft verkauft und ihr Mietvertrag gekündigt wurde. Bezahlbare neue Räumlichkeiten hatte sie nicht gefunden und sich eine andere Arbeit suchen müssen. Für den Eigengebrauch hatte sie im kleinen Abstellraum ihrer Wohnung eine professionell ausgestattete Mini-Coiffeurkabine eingerichtet. Das war natürlich sehr angenehm für mich. Anstatt mir die Haare beim Duschen von den ambulanten Pflegerinnen waschen zu lassen, was ziemlich mühsam war, konnte ich mich hier bequem hinsetzen und von der Nachbarin fachkundig bedienen lassen. Dass wir dabei ins Gespräch kamen und uns ein wenig näher kennenlernten, war eine schöne Zugabe.

Dreimal in der Woche musste ich zur Physiotherapie am anderen Ende des angrenzenden Städtchens. Das nahm fast den ganzen Vormittag in Anspruch, obwohl die Sitzungen nur 25 Minuten dauerten. Doch die Zeiten waren nicht mit den (spärlichen) Busverbindungen vereinbar. Langes Warten vor und nach der Behandlung ließ sich nur umgehen, wenn ich ein Taxi nahm, was mit erheblichen Kosten verbunden war. Ich leistete es mir trotzdem gelegentlich. Meine Bitte, die Behandlungszeiten besser auf den Busfahrplan abzustimmen, stieß bei der Physiotherapeutin auf taube Ohren. Offenbar war ich die einzige Patientin ohne Auto.

Abgesehen von diesen »Ausflügen« war mein Radius auf die unmittelbare Umgebung beschränkt, die mir in diesen Sommerwochen besonders steril und öde vorkam. Es war Ferienzeit, die Siedlung wirkte wie ausgestorben. Viel unternehmen konnte ich nicht, denn auf keinen Fall durfte ich einen Sturz riskieren. Abstecher nach Zürich waren zu riskant, dem Gedränge im Zug und auf den Bahnhöfen fühlte ich mich nicht gewachsen. Der kompakte Keil unter dem Arm beeinträchtigte mein Gleichgewicht, sodass ich beim Gehen sehr unsicher war. Größere Spaziergänge waren ohne Begleitung nicht ratsam. Mit dem Bus zum nahe gelegenen See fahren, schwimmen – daran war nicht einmal zu denken. Das alles schlug mir mit der Zeit aufs Gemüt. Ich war dankbar für jeden Besuch, der etwas Abwechslung brachte. Die meiste Zeit verbrachte ich in meiner Wohnung. Das einhändige Schreiben auf dem Laptop war mühsam. Um ein Buch zu halten hätte ich beide Hände gebraucht. Doch dank eines Lesegeräts, das mir mein Sohn mitbrachte und das sich bequem mit einer Hand halten ließ, konnte ich wenigstens lesen. Ein Glück – es wäre schlimm für mich gewesen, nicht mehr lesen zu können. Meist lese ich lange abends im Bett. Selbst wenn ich noch so müde bin: Ohne zu lesen, und seien es nur ein paar Seiten, kann ich nicht einschlafen – was natürlich nicht heißt, dass ich nur zum Einschlafen lese.

Im Spätsommer stieß ich in der Zeitung auf einen Artikel über neue, sehr fortschrittlich konzipierte städtische Alterswohnungen in Zürich, mit Internetanschluss in jeder Wohnung, eigener Küche, Hauswart sowie ambulantem Pflegedienst im Haus. Ob sich da eine Möglichkeit auftat, wieder in die Stadt zu ziehen? Vielleicht sollte ich mich schon mal vorsorglich anmelden? Die Wartelisten waren lang, es gab mehrjährige Wartezeiten.

Mein Sohn fand die Idee gut, riet mir aber, es unbedingt auch auf dem freien Wohnungsmarkt zu versuchen Das war schon deshalb notwendig, weil man sich offenbar für eine Alterswohnung nur anmelden konnte, wenn man bereits in der Stadt wohnte. Ich begann regelmäßig eine einschlägige Internetseite zu konsultieren. Und siehe da, es dauerte nicht lange, bis ich auf ein verlockendes Angebot stieß, im selben Stadtviertel, in dem ich zuvor lange gewohnt hatte. Das Haus wurde gerade umgebaut und alle Wohnungen neu hergerichtet. Die Pläne sahen gut aus. Ich meldete mich bei der Immobilienfirma und reichte die nötigen Unterlagen ein. Kurz nachdem ich den Keil unter meinem Arm losgeworden war, konnte ich in Begleitung meines Sohnes die Wohnungen im Rohbau besichtigen. Selbst in diesem unfertigen Zustand gefielen sie mir ausnehmend gut. Dass sie erst im Februar des folgenden Jahres bezugsfertig sein würden, war nur von Vorteil, denn für einen sofortigen Umzug war ich noch gar nicht bereit. Eine der Wohnungen erschien mir auf Anhieb die richtige, ich bewarb mich darum und – ein kleines Wunder angesichts der angespannten Lage auf dem Wohnungsmarkt – bekam umgehend den Mietvertrag zugeschickt. Die Zeit der Rückkehr war gekommen.

DER WEGZUG vor vier Jahren war keine Fehlentscheidung. Die Herausforderung, mich in der so ganz anderen ländlichen Umgebung völlig neu orientieren zu müssen, hat mich Abstand gewinnen lassen von den vertrauten Lebensumständen und mich davor bewahrt, ständig Vergleiche zu ziehen. Das hat mich offener gemacht für Neues. So ist die Rückkehr nach Zürich nicht nur ein Heimkommen in vertraute Gefilde, sondern ebenso sehr ein Aufbruch zu neuen Entdeckungen.

Seit ich wieder in der Stadt wohne, vergeht kaum ein Tag, an dem ich nicht mindestens einmal denke: »Wie schön es hier ist!« und »Wie gut es mir geht!« Dass die Entscheidung richtig war, wusste ich vorher. Doch diese immer wieder aufblitzenden intensiven Glücksmomente sind ein unerwartetes Geschenk, über das ich staune.

Es ist, als hätten mich die vier Jahre Abwesenheit neu sehen gelehrt. Wenn ich mit dem Tram in die Innenstadt fahre, bezaubert mich der Blick von der Quaibrücke über den See und seine Ufer jedes Mal aufs Neue. Manchmal reicht er, strahlend blau und klar, bis hin zu den Schneebergen am Horizont, an anderen Tagen schimmert er, nebel- oder wolkenverhangen, in sämtlichen Grauschattierungen und lässt die Uferumrisse nur verschwommen ahnen. Ich kenne diese Bilder von Kindheit an, doch mir scheint, dass ich ihre Schönheit erst jetzt wirklich zu schätzen weiß. Vielleicht war sie zu gewohnt und zu selbstverständlich gewesen. Ich sehe die Stadt, in der ich fast mein ganzes Leben verbracht habe, jetzt mit ganz neuen Augen.

In den letzten Jahren vor meinem Umzug aufs Land hatte ich die vielen Veränderungen rundherum bedauert und kritisiert, das Verschwinden der meisten kleinen Läden zum Beispiel. Das bedaure ich zwar immer noch, aber mir fallen jetzt mehr die auf, die immer noch da sind. Und ich entdecke durchaus auch positive Seiten des Wandels. Die Kreuzung, in deren unmittelbarer Nähe ich wohne, bis vor wenigen Jahren noch nichts

Besonderes, hat sich inzwischen zu einer Art »Dorfplatz« entwickelt und ist mit mehreren Cafés und Restaurants zu einem beliebten und belebten Treffpunkt geworden. Verschiedene Tram- und Buslinien sorgen für gute Verbindungen in alle Richtungen.

Ich staune immer noch, wie bequem ich hier überall mit dem Tram hinkomme. Ich muss nicht mehr wie in S. darauf achten, den Bus ja nicht zu verpassen, weil sonst der ganze Zeitplan durcheinander geriet. Dort fuhr der nächste Bus eine halbe Stunde später oder je nachdem, wo ich hinmusste, sogar erst wieder in einer Stunde, nach neun Uhr abends stellten einzelne Linien den Betrieb ganz ein. Wie sehr uns die Stadt in dieser Hinsicht verwöhnt, realisieren wir oft gar nicht mehr. Beschämt ertappte ich mich neulich dabei, wie ich ungehalten wurde, als abends um halb zehn die Anzeigetafel am Bellevueplatz das nächste Tram »erst« in zehn Minuten ankündigte. Unglaublich, wie schnell man sich an Bequemlichkeiten gewöhnt und sie für selbstverständlich nimmt. Als ob es ein Problem wäre, zehn Minuten zu warten. Ganz abgesehen davon, dass auf der anderen Seite des Platzes, wo die zweite Linie in meine Richtung fährt, schon nach zwei Minuten das nächste Tram kam!

Es gefällt mir, »mittendrin« zu wohnen. Die ländliche Ruhe, die ich eigentlich zu schätzen und zu suchen glaubte, war wohl auf die Dauer doch eher lähmend. Jedenfalls wundere ich mich selber, wie wenig mich der Lärm hier stört. Der ist manchmal erheblich: Sommerwetter, im Café nebenan sitzen die Leute bis spät in der Nacht draußen, auf Bildschirmen im Freien werden

Sportanlässe übertragen. Kaum ist eine Fußball-EM vorbei, kommt eine Olympiade, und bald ist schon wieder eine WM fällig. Auf der Terrasse des Cafés ist ein Großbildschirm befestigt, auf dem sogar die Leute an den Tischen vor dem Café gegenüber das Geschehen über die Straße hinweg bis tief in die Nacht verfolgen. An gelegentlichen Aufschreien lässt sich erraten, dass wieder einmal ein Tor geschossen oder ein Sieg errungen wurde.

Alles, was ich brauche, ist in wenigen Schritten erreichbar, Coop und Migros gleich gegenüber, um die Ecke die Post, an der anderen Ecke die Apotheke – wo mich die Apothekerin nach all der Zeit gleich wiedererkannt und freudig begrüßt hat. Ein paar Straßen weiter konnten sich eine alteingesessene Metzgerei und ein Reformhaus weiterhin halten. Und im näheren Umkreis gibt es tatsächlich noch drei (neuerdings sogar vier!) Bäckereien. Der See ist in fünf Minuten zu Fuß erreichbar, drei Tramstationen weiter bin ich beim S-Bahnhof und beim Opernhaus, nach zwei weiteren Stationen schon im eigentlichen Zentrum an dem Platz, wo zweimal in der Woche der Markt mit seiner überwältigend reichhaltigen Auswahl an Produkten aus der Region stattfindet. Manchmal komme ich mir vor wie im Schlaraffenland – nicht nur kulinarisch, sondern vor allem wegen des vielfältigen kulturellen Lebens rundherum. Oper, Konzerte, Theater, Museen bieten eine Fülle von Anregungen Alles ist nah und leicht erreichbar. Ganz gleich, ob man von diesen Möglichkeiten viel oder wenig Gebrauch macht, allein dass sie da sind prägt die Atmosphäre der Stadt und hat eine belebende Wirkung.

SELBST SPAZIERGÄNGE machen mir hier mehr Spaß als am ländlichen Wohnort. Ich brauche nur um ein paar Häuserblocks zu gehen, schon sehe ich etwas interessantes Neues oder etwas, das mir erst jetzt so richtig auffällt, zum Beispiel die vielen prächtigen alten Bäume rundherum. Ganz in der Nähe habe ich einen kleinen Park entdeckt, in dem ich vorher noch nie gewesen bin, obschon ich früher jahrelang gar nicht weit davon gewohnt und den Eingang im Vorbeifahren oft gesehen habe. Dort gibt es die wunderbarsten riesigen Exemplare alter Bäume, die man sich vorstellen kann. Und das leuchtende Grün der Wiesenflächen, nach den vielen Regentagen so kräftig und satt – eine Wohltat für die Augen!

Die Stadt bietet eine Fülle an Möglichkeiten für Spaziergänge aller Art: am Seeufer, am Fluss entlang, in den Wäldern am Stadtrand, auf den umliegenden Hügeln. Es lassen sich immer wieder andere Wege ausprobieren – und manchmal nebenbei lustige Episoden beobachten. Als ich neulich durch den Park auf der anderen Seeseite schlenderte, wunderte ich mich über ein Auto mit Berliner Nummer, das quer auf der Promenade stand, wo Autos weder fahren noch abgestellt werden dürfen. Aus dem offenen Fenster schallte laute Musik. Beim Näherkommen sah ich ein tanzendes Paar: Ein älterer Herr tanzte hingebungsvoll mit einer jungen Frau Tango. Zwischendurch erläuterte er einem jungen Mann, der etwas verlegen oder sogar leicht gelangweilt daneben stand, gestenreich seine Schritte. Eine ins Freie verlegte Tangolektion? Jedenfalls eine merkwürdige und zugleich köstliche Szene, die von den Vorübergehenden leicht verwundert, aber trotz des Autos, das den Fußweg versperrte, mit wohlwollendem Schmunzeln beobachtet wurde.

Im Dorf hatte ich wohl registriert, dass mir die immer gleichen Spaziergänge rundherum ziemlich öde vorkamen – außer zwei wirklich sehr schönen auf den Kirchenhügel hinauf oder um diesen herum. Doch wie sehr mir die prächtigen alten Bäume gefehlt haben, wird mir erst hier so richtig bewusst, wo sie mir auf Schritt und Tritt begegnen. Dort hatte ich eher das städtische Flair vermisst. Jetzt ist mir beides zurückgegeben.

Als Stadtbewohner macht man sich falsche Vorstellungen von der ländlichen Umgebung. Ich hatte selbstverständlich angenommen, dass ich dort viel näher an der Natur sein und viel mehr Spaziergänge vor der Haustür haben würde. Das erwies sich als Irrtum. Zwar stand auf dem Bahnhofvorplatz des angrenzenden Städtchens eine Tafel »Wanderparadies«, von der aus gelbe Wegweiser in alle Richtungen zeigten, doch viele dieser Wanderwege in der näheren Umgebung waren über weite Strecken asphaltiert oder erwiesen sich als kleine Landstraßen. Um wirklich in die Natur zu kommen, hätte ich sehr weit gehen müssen. Oder ich hätte ein Auto gebraucht, um zu einem weiter entfernten Ausgangspunkt zu fahren. Am Rand des Siedlungsgebietes gab es kaum eine Möglichkeit, für eine Stunde am Stück auf Naturwegen zu spazieren.

Eigentlich ist es logisch: Ländliche Gegenden verstehen sich nicht in erster Linie als Erholungsgebiete, im Vordergrund stand lange Zeit die landwirtschaftliche Nutzung. Wer viele Stunden draußen auf dem Feld oder im Wald hart arbeitet, hat kein großes Bedürfnis, am Feierabend spazieren zu gehen. Mit dem Strukturwandel nach dem 2. Weltkrieg ist die landwirtschaftliche Fläche Jahr für Jahr immer mehr geschrumpft. Weite Gebiete des Mittellandes sind mit Fabriken, Lagerhäusern, Fernstraßen und Einkaufszentren überbaut worden. Damit verschwanden auch viele Obstbäume. In der Folge entstanden an den Dorfrändern Wohngebiete, zuerst Einfamilienhäuser mit kleinen Gärten, später auch immer mehr Wohnblöcke. Da gibt es keine großen alten Bäume. Die sieht man am ehesten noch in den großen alten Villengärten am Schlossberg des nahen Städtchens. Doch das sind nicht allzu viele, und oft verbergen sie sich hinter Zäunen und Mauern.

In den dicht bebauten Städten ist das Bedürfnis nach Erholungsraum viel ausgeprägter. Schon früh wurden öffentliche Parks geschaffen und Wandergebiete am Stadtrand erschlossen, die mit öffentlichen Verkehrsmitteln leicht zu erreichen sind. Es scheint paradox, doch für die Bedürfnisse der Spaziergänger, vor allem wenn sie kein Auto haben, ist im städtischen Umfeld weit besser gesorgt als auf dem Land.

DIE URSPRÜNGLICHE IDEE mit der Alterswohnung habe ich nicht ganz fallen gelassen, obschon ich nur sehr ungern aus meiner jetzigen Wohnung wegziehen würde. Zur Sicherheit habe ich mich bei der Stiftung für Wohnen im Alter angemeldet – falls ich aus irgendeinem Grund eines Tages hier raus müsste oder mir die Miete zu teuer würde. Zuerst war ich etwas irritiert, weil ich mich wegen der Anmeldung für eine Wohnung bei der

Sozialberatungsstelle der Stiftung einfinden musste. Sie befindet sich in einem düsteren altertümlichen Gebäude, das früher mal ein Krankenhaus war und heute ein Altersheim und verschiedene ambulante Dienste beherbergt. Ein deprimierender Ort. Doch der Sozialarbeiter war überraschend nett und sachlich, in keiner Weise betulich wie ich befürchtet hatte. Die Wohnungsangebote haben durchaus etwas für sich. Allerdings gibt es große Unterschiede. Die beiden hier im Quartier, die für mich in Frage kommen, sind überaus gefragt und die Wartelisten besonders lang. Das macht mir nichts aus, im Gegenteil.

In einem der beiden Häuser habe ich neulich eine alte Bekannte besucht, die seit kurzem dort wohnt. Ihre Wohnung im 6. Stock ist recht hübsch, wenn auch sehr klein, und die seltsamen Kunststoffböden erinnern an ein Krankenhaus. Sie hat durchaus gewisse Vorteile: zum Bespiel einen kleinen Abstellraum, der mir hier fehlt, und die prächtige Aussicht auf die Berge und ein Stück vom See. Doch die Atmosphäre im Haus ist seltsam bedrückend, vermutlich dadurch geprägt, dass hier nur alte Menschen leben. Obschon sich in dem Gebäude ausschließlich Wohnungen befinden, riecht es nach Altersheim. Im Erdgeschoss ist zwar ein Kinderhort oder eine Kinderkrippe untergebracht – entsprechend der derzeit angesagten Doktrin, alte Leute mit Kindern zusammenzutun. Meine Bekannte war zwiespältig. Einerseits gefiel es ihr, dass tagsüber Kinder im Haus waren, andererseits störte sie der zum Teil erhebliche Lärmpegel. Das kann ich ihr gut nachfühlen. Als alter Mensch ist man nicht mehr unbedingt erpicht auf Kinderlärm und -trubel, jedenfalls nicht im Gruppenverband, in dem die Kinder ja laut sein müssen, um sich überhaupt Gehör zu verschaffen.

Hingegen finde ich es schön, dass es bei uns im Haus neuerdings Babys gibt. Hören tut man von ihnen kaum etwas, aber eines habe ich neulich zum ersten Mal gesehen. Bisher hatte ich lediglich eines Morgens beim Zeitung holen vor der Tür der Wohnung unter mir einen Kinderwagen gesehen. Zuvor hatte da eine Zeitlang ein Rollstuhl gestanden. Gestern kam mir die Mutter mit dem Kinderwagen aus dem Lift entgegen. Strahlend und voller Stolz zeigte sie mir ihre acht Wochen alte Tochter – wirklich ein ausnehmend hübsches Baby – und wir hatten ein nettes kurzes Gespräch miteinander. Dass in der Wohnung nebenan Zwillinge angekommen sind, erfuhr ich kürzlich bei einem kleinen Schwatz vor der Haustür mit dem Hauswart und der Inhaberin des Möbelgeschäfts im Erdgeschoss. So bekomme ich nach und nach das eine oder andere aus dem Haus mit. Die Begegnungen waren bis jetzt alle sehr freundlich, und es bleibt trotzdem eine angenehme Distanz.

Die Hauswartung wird hier nicht (wie heute fast überall üblich) von einer mehr oder weniger anonymen Firma mit ständig wechselnden Mitarbeitern besorgt. Der Hauswart (so nennt man in der Schweiz den Hausmeister) hat einen Namen und ein Gesicht. Das ist ein großer Vorteil. Er war bei der Übergabe der Wohnung dabei, man konnte ihm Fragen stellen und bekam seine Telefonnummer. Natürlich ist er nicht ständig im Haus, er ist für mehrere Liegenschaften in verschiedenen Stadtteilen zuständig, doch er ist jederzeit erreichbar. Man kennt sich und wechselt hin und wieder ein paar Worte, wenn man sich auf der Treppe oder vor dem Haus begegnet. Er ist aufgeschlossen, freundlich, hilfsbereit und entspricht in keiner Weise dem Klischee vom tyrannisch kontrollierenden Mieterschreck. Überhaupt herrscht in diesem Haus eine angenehm tolerante Atmosphäre. Dazu tragen sicher auch die vielen »Expats« bei. (Kurzform für »expatriate« hat sich eingebürgert für Leute, die vorübergehend im Ausland leben.) Sie sind mit den kleinlich-spießigen Hausordnungen, die hierzulande in Miethäusern lange Zeit üblich waren (und mancherorts heute noch praktiziert werden), nicht vertraut und daher selber nicht kleinlich. Mir gefällt es, dass hier so ganz unterschiedliche Leute leben. Auch wenn sich die meisten nicht kennen, die Vielfalt wirkt sich positiv auf die Atmosphäre des Hauses aus.

In eine Alterswohnung zu ziehen, wäre sicherlich eine Verschlechterung. Meine erste Wahl ist allerdings nicht das Haus, in dem ich zu Besuch war, sondern das andere an »meiner« Straße, zwei Tramstationen stadteinwärts. Es ist noch im Bau und soll sehr großzügig konzipiert sein. Vielleicht ist die Atmosphäre dort anders. Oder vielleicht spielt es für mich, wenn es einmal so weit kommt, keine Rolle mehr. Ein Angebot ist ohnehin erst in einigen Jahren zu erwarten. Wer weiß, wie mir dann zumute ist, oder ob ich überhaupt noch lebe. Außerdem muss man nicht gleich beim ersten Angebot zugreifen, sondern kann dreimal ablehnen, ehe man von der Warteliste gestrichen wird. Diese Anmeldung im Hintergrund ist nichts weiter als eine Absicherung für alle Fälle, das ist sicher nicht schlecht. Und ich würde weiterhin ganz in der Nähe wohnen. Doch im Stillen hoffe ich sehr, bis zum Schluss hier bleiben zu können. Es ist, als habe diese Wohnung auf mich gewartet. Trotz einiger Nachteile (wie es sie überall gibt), fühle ich mich hier ganz zuhause und bin rundum zufrieden.

Allen, die mich bisher besucht haben, hat die Wohnung ausnehmend gut gefallen. Selbst ein Besucher, der mich noch kaum kannte, aber einmal in S. besucht hatte, meinte: »Man spürt sofort, dass Sie hier mehr zuhause sind.«

IN DIESEM STADTTEIL habe ich immer wieder für kürzere oder längere Zeit gewohnt, an unterschiedlichen Adressen, alles in allem während mehr als der Hälfte meines Lebens. Die Gegend hat sich in all den Jahren erheblich verändert und doch ihren ganz eigenen Charakter bewahrt. Ist es diese Mischung von alt Vertrautem und neu zu Entdeckendem, die hier mich hier so glücklich macht?

Nicht weit von hier bin ich aufgewachsen. Als Kind, und später nochmals für ein paar Jahre als Erwachsene, habe ich an derselben Straße weiter draußen am Stadtrand gewohnt. Bei der Anmeldung im städtischen Einwohneramt hätte ich beinahe die Hausnummer 263 auf das Formular geschrieben – die von damals. Seit über vierzig Jahren war sie mir nicht mehr präsent, jetzt tauchte sie plötzlich aus den Tiefen des Bewusstseins wieder auf. Und es passiert mir immer mal wieder, dass ich zuerst 263 denke, wenn ich meine Hausnummer angeben soll, ehe mir dann gerade noch rechtzeitig die jetzt richtige einfällt. Erstaunlich, wie das Hirn auf einen bestimmten Reiz hin alte Automatisierungen neu aktiviert und weit zurückliegende Erinnerungen wach werden.

Rückblende

Das Haus Nummer 263, in dem ich mit meiner Mutter in einer geräumigen Wohnung wohnte, lag am Stadtrand, an der Grenze zur Nachbargemeinde, einem ehemaligen Bauerndorf, das sich inzwischen zu einem beliebten Wohn-Vorort von Zürich gemausert hatte. Aus unerfindlichen Gründen hatte sich meine Mutter in den Kopf gesetzt, es sei besser für mich, dort zur Schule zu gehen, als im sehr viel näheren Schulhaus unseres Stadtviertels. Das bedurfte umständlicher Gesuche und Bittbriefe an die Behörden und war gar nicht so einfach durchzusetzen. Eigentlich konnte man nicht ohne besondere Gründe einfach eine andere öffentliche Schule als die offiziell vorgesehene besuchen. Wie sie das trotzdem fertigbrachte, ist mir ein Rätsel.
Diese Schule war ein Albtraum. Nicht nur des weiten Schulwegs wegen, eine gute halbe Stunde zu Fuß. Damals war außer am Mittwoch und am Samstag immer vormittags und nachmittags Schule, also musste der lange Schulweg viermal täglich unter die Füße genommen werden. Das sei gesund, befand meine Mutter und erlaubte mir nicht, den Bus zu nehmen. Der Lehrer – Herr Angst hieß er sinnigerweise – führte ein Schreckensregi-

ment. In der Ecke stehen, vor die Tür geschickt werden, Ohrfeigen, Schläge mit dem Lineal auf die ausgestreckte Hand und für die Buben Prügel waren an der Tagesordnung. Zwei bedauernswerte Linkshänder hatten bei ihm nichts zu lachen. Er hatte seine Lieblinge, die er verschonte, andere wurden gnadenlos schikaniert. Mich konnte er nicht leiden und ließ mich das bei jeder Gelegenheit spüren. Mehr als einmal erklärte er der Klasse, »die von Zürich unten« habe hier eigentlich nichts zu suchen. Dass meine Eltern geschieden waren, war ein weiterer Makel. Damals war das noch sehr ungewöhnlich und hatte etwas Anrüchiges. Kein Wunder, dass die anderen Kinder mich mieden. Ich war eine absolute Außenseiterin. Wir waren 50 Kinder in der Klasse, die anderen kannten sich alle schon, entweder aus dem Kindergarten oder aus der Nachbarschaft.

Besonders schlimm waren die Schönschreibstunden. Jedes Mal, wenn ich zum Lehrerpult musste, um Herrn Angst mein Heft vorzuzeigen, bekam ich eine Ohrfeige, die Seite wurde durchgestrichen, ich musste sie neu schreiben, wenn ich Pech hatte mehrmals. Oft ließ er mich nach der Schule nachsitzen, manchmal sogar am schulfreien Mittwochnachmittag.

Die einzigen Lichtblicke waren die Tage, an denen die Schule ausfiel. Das war ziemlich oft der Fall. Es war Krieg, Generalmobilmachung, auch Herr Angst musste Militärdienst leisten und nicht immer war eine Aushilfslehrerin verfügbar. Alle diensttauglichen Männer wurden an der Grenze gebraucht. Man befürchtete, dass der Einmarsch der deutschen Truppen kurz bevorstand. Viele Familien hatten sich schon in die Berge abgesetzt, bei anderen standen die Fahrräder bereit und die gepackten Rucksäcke neben dem Bett, um notfalls sofort fliehen zu können. So auch bei uns. Eines abends verkündete meine Mutter: »Es ist soweit. Wir warten morgen früh noch die ersten Nachrichten ab, dann fahren wir los nach Engelberg zu Verwandten.« Ich war hell begeistert: Morgen würde ich endlich diese verhasste Schule los sein. Doch zu meiner grenzenlosen Enttäuschung kam am nächsten Morgen Entwarnung: Die deutschen Truppen marschierten nicht ein. Mir war zum Heulen zumute. Für mich bedeutete das nur eines: Ich musste wieder in die Schule. In meinem kindlichen Unverstand fand ich das viel schlimmer als den Einmarsch der Deutschen, der mich davon befreit hätte. Ich hatte mich so verzweifelt an diese Hoffnung geklammert, dass ich ihre Vergeblichkeit jetzt nicht wahrhaben wollte. Ziemlich ratlos begab ich mich auf den Schulweg, trödelte in sicherem Abstand zum Schulhaus ein wenig herum – und ging kurz entschlossen wieder nach Hause. Meiner Mutter sagte ich, die Schule falle vorläufig aus. Nach ein paar Tagen schickte sie mich erneut los, um nachzufragen, wann wieder Schule sei. Was sollte ich machen? Ich hatte tagelang die Schule geschwänzt und panische Angst vor den Folgen. Um sicher zu sein, dass niemand mich sah, ging ich auf Umwegen ein Stück in Richtung Schule, versteckte mich eine Zeitlang, und kehrte dann wieder um. Es sei immer noch keine Schule, log ich meiner Mutter vor. Wie oft sich dieses Spiel wiederholte, weiß ich nicht mehr.

Es muss ziemlich lange gedauert haben. Mein Vater, der mich nur alle zwei Wochen sah, wurde irgendwann

*misstrauisch. Er rief im Schulhaus an, um sich zu erkun-
digen, und das ganze Debakel kam ans Licht. Jetzt half
alles nichts mehr; ich musste wieder in die Schule. Erstaunlicherweise enthielt sich Herr Angst jeglichen Kom-
mentars. Vermutlich hatte sich mein Vater dafür eingesetzt, dass mir weiter nichts geschah. An die Reaktion
meiner Mutter kann ich mich nicht mehr erinnern. Mög-
licherweise musste ich hundert Mal schreiben: »Ich soll
die Schule nicht schwänzen« oder »ich darf meine Mutter nicht belügen«, das war die Art von Strafen, die sie
zu verhängen pflegte. Ich weiß es nicht mehr. Es kann
ebenso gut sein, dass sie stillschweigend über diese
peinliche Angelegenheit hinwegging, die kein besonders
gutes Licht auf ihre mütterliche Fürsorge warf.*

*Meine Situation in der Schule wurde nicht besser. Von
den Mitschülern wurde ich noch mehr gemieden, denn
Herr Angst hatte sie angewiesen, nicht mehr mit mir zu
sprechen. Das erfuhr ich von einem Mitschüler, der ein
Stück weit denselben Schulweg hatte wie ich. Er war
selbst eher ein Einzelgänger und hielt sich nicht an das
Gebot. Es blieb alles beim Alten: Nachsitzen, Ohrfeigen.
Nie war etwas schön genug geschrieben, egal, ob ich
es zwei oder drei Mal neu geschrieben hatte. Die Schule war und blieb eine Qual. Eine langwierige, äußerst
schmerzhafte Knochenhautentzündung im Fuß war
nicht dazu angetan, meine Befindlichkeit zu verbessern.
Immerhin hatte sie den Vorteil, dass ich mit dem Bus
fahren durfte. Ob ich sie deshalb so lange nicht los
wurde?*

*Mein Vater bestand darauf, dass ich zu Beginn des
nächsten Schuljahres in eine andere Schule kam. Ich*

glaube, es war der Übergang in die dritte Klasse – oder war es schon die vierte? Meine Mutter war zunächst strikt dagegen, doch schließlich musste sie widerwillig nachgeben und meldete mich in einer kleinen Privatschule in der Stadt an.

Das war meine Rettung. Die Klasse war wesentlich kleiner als die andere und die Lehrerin schien nett. Trotzdem war ich in der ersten Stunde starr vor Angst. Wir mussten den Stundenplan von der Wandtafel abschreiben. Die Lehrerin ging von Pult zu Pult, schaute sich an, wie die Schüler das machten, und korrigierte oder erklärte da und dort etwas. Ich saß ganz hinten in der letzten Reihe und wartete ängstlich auf ihr Verdikt. Als sie bei mir ankam, sagte sie freundlich: »Du kommst hier hinten halt als Letzte dran, aber dafür schreibst du am schönsten, das habe ich schon gesehen.« Ich starrte sie fassungslos an und wusste nicht, wie mir geschah. Mit einem einzigen Satz hatte diese Lehrerin einen anderen Menschen aus mir gemacht. Ich war nicht mehr die Versagerin, die Ausgestoßene, die alles falsch machte. Mein Lebensgefühl veränderte sich von Grund auf.

Ich ging gern in diese Schule, lebte auf und wurde eine recht gute, aber durchaus nicht immer brave Schülerin. Mit den anderen Schülern aus der Klasse verstand ich mich ausgesprochen gut. Ein paar von uns schlossen sich zu einer Art Klub zusammen. Wir trafen uns an schulfreien Nachmittagen, um etwas zusammen zu unternehmen – und manchmal allerhand (harmlosen) Unfug zu treiben.

Die Lehrerin hatte ich vom ersten Tag an ins Herz geschlossen. Sie war zu allen gleich freundlich und konnte auch streng sein, auf eine klare und gerechte Art. Niemand genoss bei ihr eine Vorzugsstellung, und niemand wurde von ihr schikaniert. Das war eine ganz andere Welt als die Schule, die ich bisher erlebt hatte. Ich sehe Fräulein Eickhoff noch vor mir: eine kleine, unauffällige, zierliche Person, meistens dunkelblau gekleidet, spitzes, fein geschnittenes Gesicht, randlose Brille, das braune Haar hinten zusammengebunden zu einem Mozartzopf, wie man das damals nannte. Sogar an ihre Art zu gehen, mit leicht auswärts gedrehten Füßen, kann ich mich noch genau erinnern – vielleicht, weil ich sie nach der Schule oft nach Hause begleitete. Obwohl mein Heimweg eigentlich in die entgegengesetzte Richtung ging, trottete ich wie ein Hündchen neben ihr her, quer durch die Innenstadt, bis vor ihre Haustür und passte sie manchmal nach der Mittagspause wieder dort ab. Sie muss mich mit der Zeit als ziemlich lästige Klette empfunden haben. Doch sie ließ sich nie etwas dergleichen anmerken, hörte mir geduldig zu, beantwortete meine Fragen und erklärte mir so manches. Sie wohnte mit ihrer Mutter zusammen, mit der sie in den Dreißigerjahren aus Deutschland emigriert war, und bestritt vermutlich mit ihrem bescheidenen Lehrerinnengehalt den Lebensunterhalt für beide.

Nicht nur ihretwegen begriff ich rasch, was für ein Glück es war, dass die deutschen Truppen damals nicht einmarschiert waren. In den illustrierten Zeitschriften, die ich inzwischen begierig verschlang, war in den letzten Kriegsjahren so manches zu lesen über die Greueltaten der Nazis. Als 1945 das Ende des Krieges gefeiert wurde, stand am Bellevueplatz ein großes Ausstellungszelt des

Roten Kreuzes, in dem unter anderem die Fotos von der Befreiung der Konzentrationslager gezeigt wurden. Ich war knapp zwölf, als ich diese Bilder sah mit den ausgemergelten Gestalten der Überlebenden in ihren gestreiften Kleidern. Sie haben sich unauslöschlich in mein Gedächtnis eingebrannt. Als ich später – immer noch ein halbes Kind – um 1950 zum ersten Mal nach Deutschland kam, konnte ich nicht begreifen, dass niemand diese Bilder zu kennen schien. Naiverweise hatte ich angenommen, die Ausstellung sei 1945 in Deutschland überall gezeigt und die ganze Bevölkerung zu ihrem Besuch verpflichtet worden. Später habe ich mich manchmal gefragt, ob das nicht sehr viel nützlicher gewesen wäre für die angestrebte Vergangenheitsbewältigung als manche Vergeltungsmaßnahmen, die nicht immer die Richtigen trafen.

Ich blieb bis zum Gymnasium in dieser Schule. Ob das im Ganzen drei oder vier Jahre waren, weiß ich nicht mehr. Jedenfalls kamen wir nach einem Jahr zu einer anderen Lehrerin in ein anderes Klassenzimmer. Das Zimmer sehe ich noch vor mir. An diese Lehrerin, ich glaube, sie hieß Fräulein Gut, und an die Zeit bei ihr habe ich kaum Erinnerungen. Ich weiß nur noch, dass ich in einer Deutschstunde einmal einen endlos langen Vortrag über Hunde gehalten habe, mit dem ich vermutlich die Geduld meiner Mitschüler arg strapazierte.

Viel bedeutsamer war die Freundschaft mit einem Mädchen, das neu in die Klasse kam. Sie blieb weit über die Schulzeit hinaus bestehen, bis zu Janines viel zu frühem Tod mit knapp vierzig Jahren. In ihrer weltoffenen Künst-

lerfamilie, bei der ich oft zu Gast war, eröffnete sich mir eine neue faszinierende Welt – ganz anders als die, die ich von zuhause kannte. Für vieles, was mir heute noch wichtig ist, wurden dort die Wurzeln gelegt.

Turbulenzen und Lichtblicke

Dass der Neuanfang von erheblichen gesundheitlichen Turbulenzen überschattet wurde, vermochte mein Glücksgefühl nicht wesentlich zu trüben. Sicher, sie waren unangenehm und beeinträchtigend und ich hätte gut darauf verzichten können. Dass sie sich in so schneller Folge häuften, machte mir Angst. Umso dankbarer war ich, wieder in der Stadt zu wohnen, wo eine umfassende medizinische Versorgung zur Verfügung steht. Es wäre in S. weitaus unangenehmer gewesen, mich mit all den Missgeschicken herumzuschlagen. Dort musste man für fast alles, was über die medizinische Grundversorgung hinausging, in die nahe Kantonshauptstadt fahren.

Es begann im März mit einem spektakulären Sturz. Der Zufall wollte es, dass ich den ersten beruflichen Termin nach dem Umzug genau wie beim letzten Mal in Wien hatte. Diesmal war es ein Weiterbildungstag für eine Behinderteneinrichtung etwa fünfzig Kilometer nördlich von Wien. Doch ich konnte in der Stadt wohnen. Freundlicherweise wurde ich morgens von der Heimleiterin abgeholt und abends wieder zurückgebracht.

Am letzten Tag blieb vor dem Heimflug Zeit für einen Spaziergang durch das reizvolle umliegende Stadtviertel am Spittelberg. Es war Samstagvormittag, noch kaum ein Mensch unterwegs, die Sonne schien, ich war in bester Stimmung, entspannt nach getaner Arbeit, die gut aufgenommen worden war, und freute mich auf ein paar ruhige Tage zuhause. Vergnügt bummelte ich durch die idyllischen Gassen und bewunderte die prächtigen Biedermeierfassaden. Vermutlich schaute ich ein bisschen zu viel an ihnen hoch und vergaß auf den Weg zu achten. Jedenfalls stolperte ich plötzlich über eine Stufe, die ich übersehen hatte, und fiel der Länge nach hin. Benommen lag ich auf dem Bauch, Blut rann über mein Gesicht und auf das holprige Pflaster unter mir. Dort lag auch meine Brille, ein Glas war herausgesprungen, aber glücklicherweise nicht zerbrochen. Weit und breit kein Mensch. Die Situation kam mir irgendwie unwirklich und grotesk vor, so etwas konnte mir doch nicht passieren! Doch da lag ich, völlig benommen und wusste nicht, was ich machen sollte. Nach ziemlich langer Zeit kam ein älterer Herr vorbei. Er blieb erschrocken stehen und fragte, ob er die Rettung rufen solle. Nur das nicht! Ich wollte nach Hause und durfte auf keinen Fall meinen Flug verpassen. Ich bat ihn, mir beim Aufstehen zu helfen, dann würde ich es schon alleine schaffen bis zu meinem Hotel ganz in der Nähe. Erst als ich stand, merkte ich, dass mein Mantel von oben bis unten mit Blut befleckt war, das unentwegt weiter aus meiner Nase tropfte. Der freundliche Herr, der eigentlich in die andere Richtung unterwegs gewesen war, bestand darauf, mich zum Hotel zu be-

gleiten. Auf dem Weg zog er eine Packung Papierta-
schentücher aus seiner Tasche und reichte mir eines
nach dem anderen, bis der Vorrat aufgebraucht war.
Doch da waren wir schon beim Hotel angekommen.
Meinen Dank für seine Hilfe wehrte er ab: das sei doch
ganz selbstverständlich.

Ich erschrak, als ich mich in der Hotelhalle im Spiegel
erblickte: das Gesicht verquollen, blutverschmiert, eine
Schnittwunde unter dem rechten Auge (wahrscheinlich
von dem herausgesprungenen Brillenglas), der Mantel
voller Blutflecken … ich sah grauenhaft aus. Die Dame
an der Rezeption war vermutlich genauso erschrocken,
doch sie ließ sich nichts anmerken. Freundlich und zuvorkommend wie immer, war sie sofort tatkräftig um
Hilfe besorgt. Sie rief nach der Hausdame, die mich auf
mein Zimmer begleiten und mir behilflich sein würde.
Selbstverständlich müsse ich nicht zur vorgeschriebe-
nen Zeit auschecken, ich könne das Zimmer so lange
behalten, bis ich zum Flughafen fahren müsse. Für wann
sie mir das Taxi bestellen solle?

Ein Hotelgast mischte sich ein, er sei Arzt, was denn
passiert sei? Offensichtlich war er in Eile, doch er nahm
sich kurz Zeit, um mein Gesicht etwas genauer anzu-
sehen. Er meinte, die Nase könnte gebrochen sein, ich
sollte besser einen Notfallarzt aufsuchen. Ich erklärte
ihm, ich müsse unbedingt am Nachmittag heim nach
Zürich fliegen. Er lachte, er sei auch aus Zürich und hier
an einem Radiologenkongress, leider fliege er erst morgen heim. Na ja, ich solle versuchen, die Blutung zu
stillen, die Schnittwunde desinfizieren und mich eine
Weile hinlegen. Wenn die Blutung zum Stillstand käme,

könne ich den Flug riskieren. Das beruhigte mich ein wenig. Das Wichtigste war mir jetzt, dass ich nach Hause kam. Dort würde sich alles Weitere finden.

Die freundliche Hausdame brachte mich auf mein Zimmer. Dort wusch sie mir nicht nur das Gesicht und desinfizierte die Schnittwunde, sie säuberte in der Dusche so gut es ging meinen Mantel, bis er wieder halbwegs präsentabel aussah. Ich war überwältigt von so viel Hilfsbereitschaft, die weit über einen guten Hotelservice hinausging, und ich werde diese hilfsbereiten Menschen immer in dankbarer Erinnerung behalten. Das Hotel Maria Theresia hat bei mir mehr Sterne, als in Hotelbewertungen je vergeben werden können.

Die Nase hörte nicht auf zu bluten. Vorsichtshalber beschloss ich, am Flughafen den Notfallarzt aufzusuchen. Ich hatte Glück und kam sofort dran. Der diensttuende Arzt runzelte die Stirn und meinte, die Nase sei gebrochen. Doch da mein Flug nur eine knappe Stunde dauerte, ließe es sich verantworten. Ich müsse aber nach der Ankunft in Zürich unverzüglich eine Notfallstation aufsuchen, die über einen Hals-, Nasen-, Ohrenspezialisten verfügte. Er verstopfte meine Nase mit einer Tamponade und ließ mich gehen. Gerade noch rechtzeitig erwischte ich den Flug und sank, von den Flugbegleiterinnen freundlich umsorgt, erschöpft in meinen Sitz. Alle Spannung fiel von mir ab, jetzt konnte ich aufatmen: Ich war auf dem Weg nach Hause.

Wie immer wurde ich vom bewährten Herrn G. am Flughafen abgeholt. Gleich nach der Landung rief ich ihn an, um ihn schonend auf meinen desolaten Anblick vorzubereiten. Bis ich beim Ausgang war, hatte er sich schon überlegt, in welche Notfallklinik er mich am besten bringen sollte, und fuhr unverzüglich dorthin.

Es war Samstagnachmittag und viel Betrieb. Ich musste sehr lange im Wartezimmer sitzen. Die junge deutsche Ärztin hatte mehrere ganz unterschiedlich gelagerte Notfälle gleichzeitig zu versorgen. Sie wirkte kompetent, war sehr freundlich und ließ sich keinen Stress anmerken. Sie ordnete gründliche Untersuchungen an – die ebenfalls schmerzende Hand röntgen, eine CT, um sicher zu gehen, dass keine inneren Kopfverletzungen vorlagen – und beriet sich telefonisch mit dem Chefarzt der HNO-Klinik, der an diesem Wochenende Bereitschaftsdienst hatte. Das bedeutete, dass er jederzeit telefonisch erreichbar sein musste, aber nur bei dringendem Handlungsbedarf persönlich in die Klinik kam. Die Untersuchungen dauerten lang, der Notfalldienst war überlastet, doch schließlich wurde ich entlassen. Die Nase war tatsächlich gebrochen, bedurfte aber keiner sofortigen weiteren Behandlung. Sonst war alles soweit in Ordnung. Die Notfallärztin gab mir für Montagnachmittag einen Termin in der HNO-Klinik. Bis dahin müsse die Tamponade drin bleiben, sie sei nicht befugt, sie zu entfernen oder auszuwechseln. Das war sehr unangenehm.

Doch ich hielt tapfer durch, bis sie am Montagnachmittag in der HNO-Klinik von einer sehr netten jungen Ärztin endlich entfernt wurde. Sie bedauerte, dass ich so lange damit hatte ausharren müssen, und schmunzelte über meine Vermutung – der sie selbstverständlich widersprechen musste –, dass der diensthabende Professor wohl keine Lust gehabt hätte, sich wegen einer Tamponade am Wochenende in die Not-fallklinik zu bemühen. Ihre Untersuchung ergab, dass der Riss in der Nasenwand begonnen hatte, leicht verschoben zusammenzuwachsen. Die Ärztin empfahl, das später durch eine Operation zu korrigieren, zwingend notwendig sei es jedoch nicht. Ich verzichtete. Grundsätzlich lasse ich mich nur operieren, wenn es unbedingt sein muss. Mit dem Knubbel auf der Nase kann ich leben, auch wenn er nicht besonders schön aussieht.

Wieder einmal hatte ich Glück gehabt, es war eine eher absurde als wirklich bedrohliche Episode und alles in allem war sie glimpflich abgelaufen. Und einmal mehr hatte ich die Erfahrung gemacht, dass ich in prekären Situationen ohne nachzudenken zielsicher handle, so als wisse der Instinkt besser als der Kopf, was zu tun sei. Es hätte gute Gründe gegeben, in Wien die Rettung zu rufen, eine Notfallpraxis aufzusuchen. Doch ich hatte – beinahe stur – nur eines im Sinn gehabt: nach Hause.

WEISHEIT DES ORGANISMUS, Intuition, Bauchgefühl, Überlebensinstinkt? Wie immer wir diese innere Stimme nennen wollen, die sich in solchen Situationen bemerkbar macht, ob klar und deutlich oder nur ganz leise, kaum vernehmbar, wir tun gut daran, auf sie zu hören.

Wie entscheidend das sein kann, hatte ich schon im Jahr zuvor erlebt, als ich an der Schulter operiert werden musste. Der Arzt an meinem damaligen Wohnort hatte einen Sehnenriss festgestellt und mich zur genaueren Abklärung beim Röntgeninstitut der Kantonshauptstadt für eine Ultraschalluntersuchung angemeldet. Zufällig hatte ich zuvor einen Termin bei meiner Zahnärztin in Zürich – ein Glücksfall, wie sich im Nachhinein herausstellte. Die Zahnärztin fragte erschrocken, was denn mit meinem Arm passiert sei, und schüttelte den Kopf, als ich ihr die Situation schilderte. Sie riet mir, sofort einen Spezialisten aufzusuchen. Es müsse ein MRI gemacht und abgeklärt werden, ob eine Operation erforderlich sei. Sie wisse, wovon sie rede, sie habe selber eine Schulteroperation hinter sich. Das sei ihre Rettung gewesen, denn sonst wäre sie jetzt in ihrer Arbeit massiv behindert. Ich wehrte immer noch ab, denn eigentlich vertraute ich dem behandelnden Arzt. Doch plötzlich, noch während der Zahnbehandlung, wusste ich schlagartig: Die Frau hat recht, ich muss sofort etwas unternehmen. Ich bat sie um den Namen des Chirurgen, der sie operiert hatte.

Erstaunlich rasch bekam ich dort einen Termin für ein MRI und eine anschließende Konsultation beim Chirurgen. Er untersuchte meine Schultern und Arme, betrachtete besorgt die Bilder und erklärte, eine Operation sei dringend notwendig, am liebsten sofort, notfallmäßig. Darauf war ich nun gar nicht vorbereitet, und er hatte ebenfalls Schwierigkeiten, in den nächsten Tagen einen Termin zu finden. Wir einigten uns auf einen Termin in der darauffolgenden Woche. Es war eine schwierige, komplizierte, doch im Endeffekt sehr erfolgreiche Operation. Der Chirurg meinte, ich hätte Glück gehabt, der Eingriff sei gerade noch rechtzeitig erfolgt, etwas später wäre er so nicht mehr möglich gewesen. Was für ein Glück, dass ich instinktiv auf meine Zahnärztin gehört und sofort gehandelt habe!

Und jetzt wieder: Wer weiß, wie es mir ergangen wäre, wenn ich in Wien geblieben wäre. Nicht, dass ich den Wiener Fachkräften misstraute, aber dort hängenzubleiben, weit weg von zuhause und von meinen Angehörigen, war keine verlockende Vorstellung. Womöglich wäre meine Nase sofort operiert worden und ich hätte ein paar Tage im Krankenhaus bleiben müssen. Ich war unendlich erleichtert, als ich im Flugzeug saß, auf dem Weg nach Zürich – was immer mich dort erwartete, wenigstens war ich dann wieder zuhause.

In unserer kopflastigen Kultur, in der wir vor allem dem Intellekt vertrauen, hören wir viel zu wenig auf die Stimme unseres Instinktes. Er ist manchmal klüger als der Verstand, besonders wenn in kritischen Situationen rasches Handeln erforderlich ist. Das ist im Alter besonders wichtig, kann aber auch schon in früheren Jahren von entscheidender Bedeutung sein.

Ein besonders eindrückliches Beispiel ist Frau L. Sie verspürte über längere Zeit in der Brust ein leichtes Ziehen und dachte, sie hätte wieder, wie schon einmal vor ein paar Jahren, eine Entzündung, die sie auf Rat ihrer damaligen Ärztin mit Salbeiwickeln kuriert hatte. Also machte sie wieder Salbeiwickel. Doch dann träumte sie eines Nachts, dass sie Brustkrebs hatte. Zuerst schob sie den Traum beiseite, denn sie konnte keinen Knoten tasten. Doch das »nicht wahrhaben wollen« habe nicht geklappt, schreibt sie. Sie konsultierte ihre Gynäkologin, die sie nach einem Ultraschall noch am selben Tag zu weiteren Untersuchungen schickte. Zwei

Stunden später wurde der Befund bestätigt, und kurz darauf wurde sie operiert. Dadurch dass sie so rasch gehandelt hatte, war die Operation erfolgreich, der Tumor konnte vollständig entfernt werden, auch die anschließenden Chemotherapien verliefen relativ glimpflich. Die Chancen stehen gut, dass Frau L. dauerhaft geheilt ist. Sie meint dazu: »Mein Traum war ausschlaggebend, dass ich handelte. Ich konnte ihn einfach nicht beiseite schieben. Und der Befund hat mich schlussendlich nicht überrascht. Die Körperwahrnehmung, d. h. die Achtsamkeit für meinen Körper, ist wohl die Voraussetzung, um so zu träumen. In der Nacht vor dem Klinikaustritt träumte ich wieder: Ich bin gesund und kann leben.«

Sehr oft vertraue ich jetzt diesem vagen Gefühl mehr als »vernünftigen« Überlegungen. Wenn ich merke: Ich mag heute einfach nicht abends ins Konzert gehen, lasse ich die Karte verfallen, falls es nicht möglich ist, sie im letzten Moment noch zu verschenken. Das ist in diesem Winter schon zweimal vorgekommen. Ich lerne daraus: im nächsten Winter Konzertbesuche nicht mehr lange im Voraus planen.

Schwieriger ist kurzfristiges Umdisponieren, wenn andere mit betroffen sind, doch selbst dann erweist sich erstaunlicherweise das vage Gefühl oft als genau richtig. Neulich war ich mit einer Bekannten abends zum Essen verabredet und hatte an dem vereinbarten Tag überhaupt keine Lust dazu. Weil es so lange gebraucht hatte, bis diese Verabredung zustande kam, hatte ich eigentlich Hemmungen sie zu fragen, ob wir sie verschieben könnten. Ich fragte trotzdem und siehe da, sie war erleichtert, denn sie fühlte sich an dem Tag nicht gut, hatte aber ihrerseits Hemmungen gehabt, mich um Verschiebung zu bitten. Eine Woche später hat es geklappt und wir hatten einen schönen Abend zusammen.

Wieder einmal hat es sich gelohnt, auf die innere Stimme zu hören. Das tun wir viel zu wenig. Wir scheuen davor zurück und lassen uns lenken von den Vorstellungen, was wir tun *müssten*. Nicht immer müssen wir das wirklich und wenn ein vages inneres Gefühl uns das spüren lässt, tun wir gut daran, es zu beachten. Diese Erfahrung habe ich mehr als einmal gemacht.

Menschen, deren kognitive Fähigkeiten eingeschränkt sind, wären noch viel mehr darauf angewiesen, ihrem Instinkt zu vertrauen! Doch das lernen sie nicht, im Gegenteil. Anstatt sie darin zu unterstützen und zu bestärken, werden sie vom Umfeld in die Richtung gelenkt, die andere für sie richtig finden. So lernen sie ihre innere Stimme zu ignorieren, bis sie mit der Zeit verstummt oder sich höchstens noch in verzerrter Form durch Verhaltensauffälligkeiten meldet.

Genauso wichtig ist es bei der Betreuung von alten Menschen, auf ihre instinktiven Reaktionen zu achten und ihren Sinn zu entziffern versuchen, anstatt sie sofort als wirr oder »senil« abzutun, wenn sie nicht gleich einleuchtend erscheinen. Und wir sollten auch selber viel mehr auf unsere innere Stimme achten. Nicht immer können wir ihr folgen, doch wir dürfen sie nicht einfach ignorieren. Nur wenn wir hören, was sie uns sagen will, können wir bewusst entscheiden, ob wir ihr in dieser Situation folgen können (und wollen) oder nicht. Allzu oft verdrängen wir diese Stimme, weil sie nicht dem entspricht, was wir uns vorstellen, oder unsere Pläne durcheinanderbringt. Im Nachhinein sagt man sich dann: Eigentlich hätte ich es wissen müssen, ich habe es ja irgendwie gespürt.

Genau das ist kürzlich einem Bekannten passiert. Der Schreck stand ihm noch ins Gesicht geschrieben, als er mir erzählte, er habe an diesem schönen Sommernachmittag wieder einmal einen Motorradausflug gemacht. Plötzlich sei direkt vor ihm ein Reh über die schmale Landstraße gelaufen. Er konnte nicht mehr ausweichen, es gab einen Zusammenstoß, er stürzte, kam unter das Motorrad zu liegen, und das Reh war im nahen Wald verschwunden … Wie durch ein Wunder hat er sich keine ernsthaften Verletzungen zugezogen.

Merkwürdigerweise habe er schon am Morgen das sichere Gefühl gehabt: Heute passiert etwas. Doch er habe diese innere Stimme beiseitegeschoben und nicht auf sie gehört. Er habe daraus gelernt und werde in Zukunft noch vorsichtiger fahren, als er das ohnehin schon tue.

Klar, in jüngeren Jahren gehört das dazu: Man stolpert in etwas hinein und sieht nur das, was man sehen will. Dass es auch noch eine andere Seite gibt, merkt man erst später. Man hat eine Erfahrung gemacht, etwas gelernt und das Leben geht weiter. Im Alter kann man sich nicht mehr so viele Irrwege leisten. Dafür ist die Zeit zu begrenzt, das Leben neigt sich dem Ende zu. Dieses kurze verbleibende Wegstück möchte ich möglichst ohne zu stolpern durchwandern.

WEITAUS GRAVIERENDER als die ramponierte Nase war die schwere Lungenentzündung, die mich im April erwischte und wochenlang mehr oder weniger lahmlegte. Ich habe nicht gewusst, dass man *so* müde sein kann. Der Verlauf war schleppend, die Besserung ließ zu wünschen übrig, sodass der Hausarzt mich zur Sicherheit an einen Lungenspezialisten überwies, der mir ein neues Medikament verschrieb. Ich musste doppelt so lang Antibiotika nehmen als ursprünglich vorgesehen, und erholte mich nur ganz langsam. Trotzdem war ich froh, dass der Hausarzt mich nicht ins Krankenhaus eingewiesen hatte. Er hatte sehr richtig eingeschätzt, dass ich zuhause besser aufgehoben wäre. In den ersten Tagen kaufte mein Sohn das Nötige für mich ein. Dann musste er verreisen, und ich war wieder auf mich selber angewiesen. Das war zuerst mühsam, aber es stärkte mein Selbstvertrauen. Zwar war ich nach dem Einkauf im Laden gegenüber jeweils so erschöpft, als hätte ich eine Bergtour hinter mir, aber es tat mir gut zu merken, dass ich es schaffte.

Manchmal ist es ganz gut, wenn keine Hilfe da ist. Sonst hätte man nicht die Gelegenheit, etwas auszuprobieren und festzustellen, dass man es noch alleine schafft. Das heißt nun nicht, alten Menschen sollte nie bei etwas geholfen werden, das sie noch selber können. Diese Doktrin ist leider weit verbreitet, sowohl im Umgang mit alten wie mit behinderten Menschen. Manchmal tut es ganz einfach gut, wenn einem etwas abgenommen wird, obwohl man es eigentlich selber könnte. Es ist allen Menschen zu gönnen, das hin und wieder zu erleben. Und es darf niemandem aufgrund von überheblichen »pädagogischen Grundsätzen« vorenthalten werden.

Viele Menschen haben diese Doktrin selber so verinnerlicht, dass sie grundsätzlich, manchmal sogar recht schroff, jede Hilfe zurückweisen. Ich ärgere mich immer über alte Menschen, die fast ungehalten ablehnen, wenn jemand – was ohnehin selten geworden ist – im Tram aufsteht und seinen Sitzplatz anbietet. Da muss man sich nicht wundern, wenn das mit der Zeit niemand mehr macht. Ich bin immer sehr froh, wenn mir ein Sitzplatz angeboten wird, bedanke mich dafür und setze mich gerne hin, selbst wenn ich an der nächsten Haltestelle schon wieder aussteigen muss.

DIE FRÜHLINGSWOCHEN waren frei von Verpflichtungen, ich lebte ziemlich passiv vor mich hin. Ganz allmählich begann ich mich wieder besser zu fühlen, wenn auch immer noch recht schwach. Anfang Juni stand der erste Termin bevor: ein Vortrag am Abend und am folgenden Morgen ein halbtägiges Seminar im nahen Liechtenstein, also kein übermäßig anstrengendes Programm. Trotzdem konnte ich mir nicht vorstellen, dass ich das schaffen würde. Aber ich hatte Skrupel abzusagen. Es handelte sich um eine Jubiläumsveranstaltung der regionalen Einrichtung für behinderte Menschen und mein Beitrag war lange im Voraus vereinbart worden. Ich konnte die Leute jetzt nicht im Stich lassen. Der Hausarzt machte mir Mut und meinte, ich solle es ruhig wagen. Und siehe da: Es ging erstaunlich gut. Anfangs war ich sehr unsicher auf dem Podium, doch rasch kehrte meine Energie zurück und ich fühlte mich wieder wie gewohnt in solchen Situationen. Offenbar war auch im Publikum spürbar, was in mir vorging. Der Leiter der Einrichtung sagte mir hinterher, man habe in den ersten paar Minuten meines Vortrags förmlich sehen können, wie mir immer mehr Energie zugeflossen sei. Diese Erfahrung war ein erster Lichtblick nach den langen trüben Wochen, der zweite ließ nicht lange auf sich warten.

In der darauffolgenden Woche hatte ich in einer Nachbargemeinde des Dorfes, in dem ich vier Jahre lang gewohnt habe, eine Lesung aus meinem Buch *Alte Bäume wachsen noch* (2010, Klett-Cotta, Stuttgart). Sie war im Jahr zuvor vereinbart worden, als ich noch dort lebte. Diese Nachbarschaft war vermutlich entscheidend gewesen für die Einladung. In dieser Gegend ist die Orientierung am lokalen Umfeld nicht zu unterschätzen. Ich befürchtete deshalb, mein Wegzug könnte sich negativ auf die Veranstaltung auswirken. Doch das war überhaupt nicht der Fall. Obwohl es ein wunderschöner Frühsommerabend war, der erste nach einer längeren Regenperiode, kamen etwa 50 Leute, von denen viele das Buch bereits gelesen hatten. Trotzdem hatte ich etwa 20 Bücher zu signieren – manche kauften es nochmals zum Verschenken, andere brachten ihr Exemplar von zuhause mit. Offenbar hatte ich in der Gegend viel mehr Leser, als ich geahnt hatte. Einige sagten, sie hätten in der Zeitung etwas über mich gelesen und gedacht: Die ist aus der Gegend, das Buch muss ich lesen. Das hat mich erstaunt. Noch erstaunlicher war, dass sie trotzdem in der anschließenden Diskussion sehr viel Verständnis für meine Rückkehr in die Stadt zeigten. Hauptsächlich wurde die Meinung geäußert, da wo man herkomme, wolle man eben wieder hin. Vielleicht hatten sie recht. Ich habe mich zwar immer eher als »ortlos« eingeschätzt und mich im Laufe meines Lebens an ganz verschiedenen Orten zuhause gefühlt. Ob die Herkunft doch wichtiger ist für das Heimatgefühl, als ich geglaubt habe? Oder bekommen die Wurzeln im Alter eine neue Bedeutung?

Die Reaktionen der Zuhörerinnen berührten mich sehr. Der Abend war ein schöner Nachklang zu meinem vierjährigen Aufenthalt in dieser Gegend, der ihn gewissermaßen abrundete. Ich war dort ja keineswegs unglücklich gewesen. Mich in einem unbekannten Umfeld neu orientieren und den jahrelang gewohnten Alltag umkrempeln zu müssen, war eine spannende Herausforderung gewesen, die mir gut getan hat. Außerdem hat sie mich zu einem Buch angeregt, das sonst nicht entstanden wäre. Das allein war den Aufenthalt wert.

Nach seinem Erscheinen hatte ich viele Zuschriften bekommen und war erstaunt, dass einige Einheimische mir schrieben; so ist es, genau so wie Sie es beschreiben. Da hatte der Blick der Fremden offenbar doch manches richtig erfasst. Ich bekam nur einen einzigen bitterbösen Brief: ob ich eigentlich wisse, was ich den Leuten dort angetan hätte. Komisch, ich hatte eigentlich hauptsächlich positive Erfahrungen beschrieben. Dass ich andere Bedürfnisse habe, dass mir dort das städtische Leben gefehlt hatte, liegt ja an mir und ist nicht dem Umfeld anzulasten. Solange ich schrieb, war es ohnehin eine gute Zeit für mich, ob das Umfeld mir mehr oder weniger behagte war unerheblich. Wenn ich schreibe, fühle ich mich zuhause, wo immer ich bin.

MIT DIESEN beiden Verpflichtungen war das Leben wieder in gewohnte, wenn auch etwas gemächlichere Bahnen zurückgekehrt. Die Sommermonate sind ohnehin eine ruhige Zeit und ich konnte endlich die Nähe zum See nutzen und genießen. Zum ersten Mal seit vorletztem Sommer wagte ich es wieder, schwimmen zu gehen. Ziemlich ängstlich zuerst und voller Zweifel. War das Wasser nicht doch zu kalt? Konnte ich das meinen lädierten Armen zumuten? Es ging erstaunlich gut. Zwar schwamm ich nicht so weit wie gewohnt, doch schließlich war es auch das erste Mal seit zwei Jahren. Am nächsten Tag ging es schon besser. Dieses Schwimmen im See am Morgen ist wunderbar, für mich geradezu ein Lebenselixier. Sicher, das geruhsame Naturerlebnis wie am Hallwilersee ist es hier nicht. Rundherum sind Boote vertäut, zahlreiche Schiffe fahren vorbei. Die Sicht geht nicht auf grüne Hügelzüge, sondern auf die nahe – in anderer Weise ebenso reizvolle – Zürcher Stadtkulisse.

Der Sommer war heiß, manchmal konnte ich es nicht einmal abends auf dem Balkon aushalten, noch um zehn Uhr zeigte das Thermometer 33°. Dann braute sich eines Morgens ein unheimliches Gewitter zusammen – es wurde dunkel, als wäre es Nacht, und dann prasselten Hagelkörner groß wie Hühnereier herunter. Ein Glück, dass die meisten am Balkongeländer abprallten, sodass den Pflanzen, um die ich gebangt hatte, nichts geschah. Die Abkühlung war eine Wohltat. Anderntags erfuhr man, dass der ungewöhnlich heftige Hagel vielerorts großen Schaden angerichtet hatte. Gut zu wissen und sehr beruhigend, dass mein Balkon so gut geschützt ist.

Die Turbulenzen schienen überstanden, das Leben nahm wieder seinen gewohnten Lauf. Im Herbst und Winter standen einige Verpflichtungen an, wenn auch nicht allzu viele. Mit der Zeit wird es weniger, und das ist gut so. Trotzdem: Solange ich kann, möchte ich weiterhin tätig sein. Wie wichtig das für mein Wohlbefinden ist, hatte ich im Juni auf eindrückliche Weise erlebt. Langweilig würde es mir zwar nicht in der Stadt mit ihren vielen Verlockungen, aber ganz ohne berufliche Tätigkeit würde ich wohl geistig doch etwas verkümmern.

Wichtig ist ein ausgewogenes Gleichgewicht zwischen Tun und Nichtstun zu finden, die gesundheitlichen Beschränkungen zu berücksichtigen und trotzdem präsent zu bleiben. Allzu schnell wird man als alter Mensch abgeschrieben. Viele wundern sich ohnehin, dass ich beruflich noch aktiv bin – das wird als seltsam empfunden in einer Gesellschaft, in der die meisten Menschen mit 65 oder noch früher in Rente gehen. Für freiberuflich Tätige ist das insofern kein Thema, als sie selber für ihre Absicherung im Alter vorsorgen müssen und daher Umfang und Dauer ihrer beruflichen Tätigkeit etwas freier planen können. Doch mit 65 ganz aufzuhören, kann sich wohl kaum jemand leisten. Dafür sind selbständig Tätige unabhängiger in ihrer Zeiteinteilung und in der Gestaltung der viel beschworenen »work-life-balance«, die individuell sehr unterschiedlich sein kann. Mir zum Beispiel liegt nicht viel an langen Ferien. Wichtiger ist mir – und war mir schon immer – ein ausgewogener, mit Mußestunden und -tagen durchsetzter Arbeitsrhythmus sowohl im Alltag wie übers Jahr gesehen. Dass berufliche Arbeit – sofern sie Freude macht – nicht nur anstrengend, sondern auch eine Kraftquelle ist, habe ich mehr als einmal erlebt und erlebe es trotz Alter und gesundheitlichen Einschränkungen immer wieder von neuem.

Das geht auch anderen so. Die Frau, die in dem Hotel im Bregenzer Wald, wo ich jedes Jahr ein paar Tage verbringe, die Zimmer macht, wäre eigentlich schon seit ein paar Jahren in Rente. Auf meine erstaunte Frage: »Sind Sie immer noch hier?« hat sie letztes Jahr geantwortet: »Solange es mir Freude macht und man mich brauchen kann, arbeite ich immer noch gern« und damit meine eigene Erfahrung bestätigt.

VIEL MEHR als ein Lichtblick, geradezu eine Sternstunde war die Geburt meines dritten Enkelkindes Malu (der Name ist hawaiisch und bedeutet Frieden), der ersten Tochter meines Sohns und meiner Schwiegertochter. Auch für sie war es eine Überraschung gewesen, als sich unverhofft Nachwuchs ankündigte. Sie hatten sich bereits damit abgefunden, dass ihr Kinderwunsch wohl unerfüllt bleiben würde, und waren mit ihrem Leben auch so zufrieden. Umso größer war ihre Freude, jetzt doch noch Eltern zu werden.

Am Tag nach ihrer Geburt habe ich sie im Spital zum ersten Mal gesehen. Was für ein bewegendes Gefühl, dieses winzige Wesen im Arm zu haben – immer wieder ein kleines Wunder, so ein Neugeborenes. Noch konnte ich sie auf den Arm nehmen (sicherheitshalber auf einem Stuhl sitzend), sehr bald würde sie zu schwer sein für meine ramponierten Arme. Zu meinem Bedauern werde ich für dieses kleine Mädchen nicht mehr so da sein können wie für meine beiden älteren Enkel seinerzeit. Zum Glück ist Malus andere Großmutter um einiges jünger. Sie kann sich sehr viel mehr um die Enkelin kümmern und die Eltern besser unterstützen als ich, die ich dafür leider zu langsam und zu unstabil geworden bin.

Erst jetzt wird mir etwas bewusst, worüber ich vorher nie nachgedacht habe: Wenn Eltern relativ spät Kinder bekommen, sind die Großeltern meistens schon zu alt, um sich intensiv um ihre Enkelkinder zu kümmern. Das ist ein Nachteil, der meines Wissens noch kaum thematisiert worden ist, obschon »späte Eltern« fast schon die Regel sind. Im Übrigen sehe ich das eher als Vorteil: Die Eltern sind gelassener, haben schon vieles ausleben können, sodass sie nicht fürchten, etwas zu verpassen, wenn sie dem Kind sehr viel Zeit widmen und seinetwegen auf das eine oder andere verzichten müssen. Sie empfinden es im Gegenteil als Bereicherung, jetzt auch diese Seite des Lebens noch leben zu können.

Dieses kleine Mädchen ist eine wunderbare Bereicherung meines Lebens, trotzdem ich sie nicht sehr oft sehe und die Großmutterrolle nicht mehr so wahrnehmen kann wie bei meinen älteren Enkeln. Doch es kommt mir vor, als erlebe ich diese Momente, vielleicht gerade weil sie begrenzt sind, viel intensiver als in jüngeren Jahren. Ich sehe genauer hin. Auch fallen mir die kleinen Kinder, die mir auf der Straße oder im Tram begegnen, viel mehr auf, seit sie auf der Welt ist. Manchmal lächelt mir eines aus seinem Kinderwagen zu – kleine Glücksmomente auch das.

DIE TURBULENZEN waren keineswegs überstanden, das Schlimmste stand erst noch bevor. Ausgerechnet im Sommer meines achtzigsten Geburtstages. Ein alter Rückenschaden, mit dem ich jahrelang erstaunlich gut hatte leben können, meldete sich massiv und schmerzhaft zurück, und warf mich völlig aus der Bahn. Der Untersuchungsbefund war niederschmetternd, außer Schmerzbekämpfung war nichts mehr zu machen. Eine Operation wäre viel zu riskant und ziemlich chancenlos. Ich konnte mich kaum noch bewegen und hatte scheußliche Schmerzen. Der Hausarzt überwies mich an einen Schmerzspezialisten, der mir half, so gut es ging: Schmerzmittel und dann eine Cortisonspritze direkt in den betroffenen Wirbel. Die zeigte zunächst so wenig Wirkung, dass ich aufhörte, noch darauf zu hoffen. Um es einigermaßen auszuhalten, musste ich wochenlang massiv Schmerzmittel schlucken, was sich auf meine Stimmung lähmend auswirkte. Ich kam mir sehr verloren vor, alles war trüb und düster. Glücklicherweise gab es hin und wieder kurze Lichtblicke – ein überraschender Besuch, ein belebendes Gespräch – die für kurze Zeit die Schmerzen in den Hintergrund treten ließen. Leider waren sie selten.

Diese Sommerwochen erlebte ich als einen der schlimmsten Tiefpunkte meines Lebens. Das wurde noch verstärkt durch schmerzliche Geschehnisse in meinem persönlichen Umfeld, die mir sehr zu schaffen machten. Wochenlang lag ich mehr oder weniger apathisch herum und sah nur noch schwarz. Ein bleierner Mantel hatte sich auf meine Schultern gelegt, dunkle Wolken umhüllten meinen Kopf. Ich konnte mir nicht vorstellen, dass es mir noch einmal gelingen würde, neuen Lebensmut und neue Lebensfreude zu finden. Ich sei eine »Stehauffrau«, hat mal jemand von mir gesagt. Ob ich dazu die Kraft noch einmal aufbringen würde? Ich war so schrecklich müde. Das bevorstehende Geburtstagsfest wollte ich absagen. Ich sah mich außerstande es durchzustehen, obwohl es nur im kleinen, familiären Rahmen geplant war.

Dann begann die Cortisonspritze, die ich zwei Monate zuvor bekommen hatte, endlich ein wenig Wirkung zu zeigen. Ganz allmählich war eine leichte Besserung zu spüren. Ich konnte die Schmerzmittel reduzieren und fühlte mich wieder lebendiger. Mein Sohn sprach mir ermutigend zu, das Geburtstagsfest nicht abzusagen. Offensichtlich lag ihm sehr daran. Das hat mich gerührt und überzeugt. Auf die ursprünglich vorgesehene Schifffahrt auf dem Zürichsee wurde verzichtet, damit es nicht zuviel wurde. So konnte das Fest in etwas abgekürzter Form doch noch stattfinden. Ich war froh darüber. Es war ein Schritt zurück in die Normalität.

Meine Tochter hatte alles umsichtig vorbereitet und geplant, in einem schönen ländlichen Gasthof ein festliches Essen organisiert und die Gäste eingeladen. Es war ein wunderbarer, milder Sommerabend, wir saßen auf der lauschigen Terrasse mit prächtiger Aussicht auf den See, die Stimmung war fröhlich und aufgeräumt. Verwandte, die sich zum Teil selten sehen – wir sind ja so etwas wie eine »Patchworkfamilie avant la lettre« – freuten sich sichtlich, einander wieder einmal zu begegnen. Und natürlich waren alle Enkel da, auch die kleinste, inzwischen gerade mal vier Monate alt, die bei dieser Gelegenheit ihr erstes Kleidchen trug und von allen gebührend bewundert wurde.

Das Fest war sehr schön – doch seltsamerweise zog es an mir vorüber wie hinter einem Schleier. Es war *mein* achtzigster Geburtstag, doch irgendwie war ich nicht wirklich dabei, so als würde ich dem Geschehen von außen zuschauen. Es war kein schlechtes, aber ein seltsam gedämpftes, unwirkliches Gefühl. Trotzdem war es ein guter und wichtiger Abend, denn er bezeichnete eine Wende: Der Tiefpunkt war überwunden, es ging wieder aufwärts. Das Leben normalisierte sich, wenn auch anders als vorher. Schwerpunkte hatten sich verschoben, andere Perspektiven traten in den Vordergrund. Nach dem drastischen Einschnitt dieses Sommers begann eine neue Wegstrecke des Lebens, auf der ich meinen Rhythmus erst noch finden musste.

Dafür war der erste Termin im Herbst genau das Richtige: Im September traf sich das »Internationale Netzwerk Personzentriert Arbeiten« zu seinem dritten jährlichen Fachtag.

Eine Art Vermächtnis

Das »Netzwerk Personzentriert Arbeiten« ist eine lose Verbindung von Fachpersonen, die in ihren Einrichtungen auf der Grundlage der in *Ernstnehmen, Zutrauen, Verstehen* (1998), *Brücken bauen* (2003) und *Alt sein ist anders* (2005, alle Klett-Cotta, Stuttgart) beschriebenen Konzepte für die Begleitung und Betreuung von behinderten und alten Menschen arbeiten oder dabei sind, diese Arbeitsweise einzuführen, sowie von Kolleginnen und Kollegen, die sie in Fachberatung, Supervision, Lehre, Aus- und Weiterbildung vertreten und verbreiten. Sinn dieser Treffen ist gegenseitiges Kennenlernen, Erfahrungstausch und Vernetzung zu ermöglichen und die Verbreitung der personzentrierten Arbeitsweise in diesem Bereich zu unterstützen.

Warum liegt mir das so am Herzen?

Um das verständlich zu machen, muss ich etwas weiter ausholen: Die personzentrierte Arbeitsweise geht auf Carl Rogers zurück, den Begründer der klientenzentrierten Psychotherapie, die er später *Personzentrierte Psychotherapie* nannte. Rogers war aufgrund seiner praktischen Erfahrung zur Überzeugung gekommen, dass nicht der Therapeut, sondern nur der Klient selber weiß, was für ihn gut ist – grundsätzlich jedenfalls. Doch dieses Wissen, das Rogers als *Aktualisierungstendenz* bezeichnet, kann verschüttet sein, z.B. durch Krankheit, Behinderung, traumatische Erfahrungen, Entwicklungsstörungen. Die Aufgabe und Fachkompetenz der Therapeutin besteht darin, den Klienten Zugangswege zu ihrer Aktualisierungstendenz zu erschließen, damit sie ihre schlummernden Ressourcen entdecken und *ihren* Weg finden können, um im Rahmen ihrer individuellen Möglichkeiten und Grenzen mit der Realität zurechtzukommen. Entscheidend ist dabei die *personzentrierte Haltung* des Therapeuten, zu der drei Elemente gehören: *Wertschätzung* (nichtwertendes Akzeptieren) *Empathie* (einfühlendes Verstehen), *Kongruenz* (Echtheit, Transparenz). Später erstrecke sich Rogers' Wirken über die Psychotherapie hinaus in weitere Bereiche (Schulen, Gruppen, Arbeitsteams), für die er den *Personzentrierten Ansatz* entwickelte. Er beruht auf denselben Grundlagen wie die personzentrierte Psychotherapie, wird aber anders umgesetzt, entsprechend den Anforderungen und Rahmenbedingungen des jeweiligen Arbeitsfeldes.

Als ich vor mehr als dreißig Jahren gegen Ende meiner Ausbildung zur personzentrierten Psychotherapeutin angefragt wurde, ob ich eine Frau mit geistiger Behinderung als Klientin annehmen würde, war ich ziemlich ratlos. Ich hatte keinerlei Erfahrung mit diesem Personenkreis. Psychotherapie für Menschen mit geistiger Behinderung war damals weitgehend Neuland, nicht nur für mich, sondern auch für meine Ausbilder und die kollegiale Supervisionsgruppe. Zwar begann das Thema allmählich auf Tagungen und in der Literatur Erwähnung zu finden, aber in der Praxis hatte noch kaum jemand Erfahrung damit. Man war sich keineswegs sicher, ob Psychotherapie – und erst recht personzentrierte Psychotherapie – mit diesem Personenkreis überhaupt möglich und sinnvoll sei. Nach reiflicher Überlegung und ermutigt von meinen Kolleginnen und Kollegen sowie von Ausbilderin und Ausbilder, die beide bereit waren, mich auf dieser Reise in ein unbekanntes Land unterstützend zu begleiten, wagte ich den Sprung ins kalte Wasser und sagte zu. In der praktischen Arbeit zeigte sich, dass der personzentrierte Zugang genau das Richtige ist, auch und gerade für diese in vieler Hinsicht so »anderen« Menschen.

Sehr bald bekam ich Aufträge für Fachberatung, Supervision und Weiterbildung von Mitarbeiterinnen und Mitarbeitern sozialer Einrichtungen, Fachleute, die in solchen Institutionen arbeiteten, kamen zu mir in Psychotherapie, und ich übernahm Lehraufträge in Pflegefachschulen. Auf diese Weise lernte ich die Schwierigkeiten, Fragen und Belastungen beider Seiten kennen und verstehen. Dabei stellte sich immer deutlicher heraus, dass der personzentrierte Ansatz im Alltag von Betreuung, Begleitung oder Pflege nicht nur den betroffenen Menschen besser gerecht wird, sondern zugleich den Fachleuten die Arbeit erleichtert und ihnen mehr Befriedigung gibt.

In all diesen Bereichen ist die personzentrierte Grundhaltung von Wertschätzung, Empathie und Kongruenz das entscheidende Element, auch wenn es ganz klar nicht um Psychotherapie geht. Und da Haltung als solche sich nicht überprüfen lässt, sondern sich im Handeln zeigt, brauchen Fachleute konkrete, auf ihr Arbeitsgebiet zugeschnittene, praxisbezogene Leitlinien, an denen sie sich orientieren können. Die habe ich in den erwähnten Büchern entwickelt und beschrieben. Sie haben erstaunlich viel Anklang gefunden und einiges zur Verbreitung der personzentrierten Arbeitsweise beigetragen. In den Einrichtungen, in denen so gearbeitet wird, hat sich die Lebensqualität der betroffenen Menschen wesentlich verbessert, die Mitarbeiterinnen und Mitarbeiter haben mehr Freude an der Arbeit und fühlen sich weniger unter Druck.

Das ist eine sehr erfreuliche Entwicklung. Doch es bleibt nach wie vor viel zu tun. Dazu kann ich nur noch beschränkt beitragen, denn meine Zeit läuft ab. Es ist jetzt an anderen, »den Stab weiterzutragen«. Das »Netzwerk Personzentriert Arbeiten« verkörpert für mich die Hoffung – und zunehmend die Gewissheit – dass das, was ich angestoßen habe, auch ohne mich Bestand haben, sich weiter entwickeln und wachsen wird.

Wie ist dieses Netzwerk entstanden? Aus einer spontanen Idee heraus hatte ich im Mai 2011 ein erstes Treffen in der Schweiz organisiert – ohne im Geringsten zu ahnen, was sich daraus entwickeln würde. Es ging mir damals eigentlich nur darum, einigen Schweizer Kolleginnen und Kollegen, die in meinem Sinn arbeiten, die vorbildliche Arbeit der Behinderteneinrichtungen des ASB Bremen vorzustellen. Dort wird der personzentrierte Ansatz auf der Basis meiner Handlungsgrundlagen und Richtlinien für den Alltag seit vielen

Jahren konsequent und sehr erfolgreich in die Praxis umgesetzt. Was sich in Bremen entwickelt hat, seit ich 2002 dort eine erste Weiterbildung durchgeführt habe, ist erstaunlich und weit mehr, als ich mir je hätte träumen lassen.

Die Bremer Kollegen waren sofort bereit zu kommen, obschon ich ihnen kein Honorar bieten konnte. Dass ich mir die Organisation eines solchen Treffens überhaupt zutraute, ist meiner damaligen ländlichen Wohnsituation zuzuschreiben. Zu der Zeit ahnte ich noch nicht, dass sie bald Vergangenheit sein würde. In Zürich wäre ich nie auf die Idee gekommen, so etwas zu organisieren, das wäre viel zu kostspielig und kompliziert für eine »Einzelkämpferin« wie mich, die über keinerlei institutionelle und administrative Infrastruktur verfügt. Auf dem Land war es einfacher: Ich reservierte für das vorgesehene Datum in einem Gasthof des nahen Städtchens einen Raum inklusive Pausenverpflegung und Mittagessen, im anderen bestellte ich die Zimmer für die Referenten. Um den administrativen Aufwand möglichst klein zu halten, sollte die bescheidene Tagungsgebühr am Tag der Veranstaltung bar entrichtet werden. Sie entsprach dem Preis, den mir der Gasthof pro Person verrechnete, aufgerundet durch einen Beitrag an die Unterkunft und Verpflegung der Referenten, die selbstverständlich eingeladen waren. Es war schon sehr großzügig, dass ihre Reisekosten von ihrem Arbeitgeber übernommen wurden.

Einige zusätzliche Einladungen gingen an potentiell interessierte Personen und Einrichtungen. Ich rechnete mit etwa 10 bis 20 Anmeldungen. Da der Konferenzraum, den ich mieten wollte, höchstens für zehn Personen Platz bot, musste ich den Saal nehmen – ungern, weil er mir viel zu groß erschien. Glücklicherweise, wie sich hinterher herausstellte: Zu meiner größten Überraschung kamen an dem Tag insgesamt über 50 Personen aus Deutschland, Österreich, Liechtenstein und der Schweiz zusammen. Da war einiges mehr an Organisation zu bewältigen, als ich mir eigentlich hatte aufladen wollen. Doch ich bereitete alles sorgfältig vor und bekam tatkräftige Hilfe. Die Bremer Tagesförderstätte übernahm das Anfertigen der Namensschildchen für die Teilnehmer, und in der kritischen halben Stunde vor Beginn der Veranstaltung, in der die vielen Teilnehmer gleichzeitig eintrafen, kümmerten sich meine Tochter und eine Schweizer Kollegin um das Einkassieren der Tagungsgebühr und um das Aushändigen der Tagungsunterlagen.

Die Referenten boten ein hochkarätiges Programm. Mein Beitrag beschränkte sich auf ein paar einführende Worte und das Vorstellen der Referenten. Im Übrigen konnte ich mich zurücklehnen und zuhören – ein schönes Gefühl.

Die Beiträge stießen auf waches Interesse und wurden lebhaft diskutiert. Eine angenehme Gelegenheit zu Begegnungen und Gesprächen ergab sich in den Pausen unter den prächtigen alten Bäumen des Gasthofgartens, wo Kaffee und vorzügliches hausgemachtes Gebäck bereitstand. Überhaupt hatten das schöne Ambiente und die umsichtige, effiziente Arbeit des Gasthofteams einen nicht unwesentlichen Anteil am guten Gelingen dieses Tages. Bewirtung und Service waren perfekt.

Noch nie hatte ich bei ähnlichen Gelegenheiten erlebt, dass das Mittagessen für eine große Gruppe so sorgfältig zubereitet war, so ausgezeichnet schmeckte und so prompt und zuvorkommend serviert wurde. Kein Vergleich mit der oft lieblosen, kantinenartigen Verpflegung in so manchen Tagungsstätten und Weiterbildungsinstituten. Sicher, das ist bei solchen Anlässen nicht das Wichtigste, aber es trägt viel zur guten (oder eben weniger guten) Stimmung der Teilnehmenden bei.

Der Erfolg des Treffens übertraf meine kühnsten Erwartungen. Nie hätte ich gedacht, dass sich aus meinem Anliegen ein fester Brauch entwickeln würde. Doch zu meiner größten Überraschung und Freude beschlossen die Teilnehmenden, von nun an jedes Jahr einen solchen Fachtag durchzuführen. Für das folgende Jahr übernahmen die Bremer Kollegen die Organisation. Der Funke war übergesprungen: Eine spontane Idee hat eine Tradition begründet, die nun schon mehrere Jahre Bestand hat und – das ist das Entscheidende – weiter bestehen wird, wenn ich bald einmal nicht mehr dabei sein kann. Das ist ein großes, kostbares Geschenk und eine Anerkennung dessen, was ich in gewisser Weise als mein »Lebenswerk« betrachte. Dieser Tag war ein so beglückender Höhepunkt, dass mich im Hintergrund eine leise Sorge beschlich: Jetzt kann es eigentlich nur noch bergab gehen. So schlimm wurde es nicht. Doch in Anbetracht der bevorstehenden Turbulenzen (von denen ich im Mai 2011 noch nichts ahnte) erwies sich die Gründung des Netzwerkes als bedeutsamer und vorausschauender Schritt.

ZWEI MONATE nach dem Treffen musste ich an der Schulter operiert werden, zu Beginn des folgenden Jahres erfolgte die Rückkehr nach Zürich, bald darauf kamen die nächsten gesundheitlichen Turbulenzen. Die erste größere Reise nach der Lungenentzündung machte ich im September zum Netzwerktreffen nach Bremen.

Da zugleich das hundertjährige Jubiläum des ASB Bremen gefeiert wurde, fand die Tagung diesmal in etwas größerem Rahmen statt und erstreckte sich über zwei Tage. Zum offiziellen Teil am ersten Tag waren auch Vertreter der Behörden sowie Mitarbeiterinnen und Mitarbeiter anderer Organisationen eingeladen. Besonders erfreulich war, dass mehrere behinderte Menschen an dem Anlass teilnahmen.

Für diesen Tag war ich um einen Vortrag über mein Konzept der personzentrierten Arbeitsweise gebeten worden, der von diesem größeren Kreis sehr gut aufgenommen wurde. Am meisten gefreut hat mich das Lob eines behinderten Mannes. Er sprach mich in der Pause an, nachdem er lange vom Stehtisch nebenan zu mir herübergeschaut und gewartet hatte, bis niemand anderer mit mir sprach und ich mit dem Essen meiner Häppchen fertig war. Langsam, stockend und um Worte ringend erklärte er mir, das sei gut, was ich da gesagt habe, sehr gut sei das. Es war schön, das von einem Betroffenen zu hören, diese Gelegenheit bietet sich selten. Dass er meinen Ausführungen offensichtlich hatte folgen können, war eine wichtige Rückmeldung. Es ist mir ein großes Anliegen, mich klar und verständlich auszudrücken, auch in meinen Büchern, so dass nicht nur Fachleute etwas damit anfangen können, sondern alle, die sich für das Thema interessieren. Ich bin der Meinung, dass auch eine komplexe Thematik plausibel und verständlich beschrieben werden kann – und sollte.

Ein fakultatives Abendessen für die Netzwerkteilnehmer mit anschließendem Stadtrundgang bot willkommene Gelegenheit zu Kontakt und Austausch sowie die Möglichkeit, ein bisschen etwas von der Stadt mitzubekommen. Es war eine schöne Überleitung zum eigentlichen Netzwerktreffen am zweiten Tag, wiederum mit interessanten Beiträgen aus der praktischen Arbeit verschiedener Organisationen. Besonders aufhorchen ließ ein Beitrag über personzentrierte Arbeit im Sicherheitstrakt einer Justizvollzugsanstalt in der Schweiz. Erstaunlich, wie es selbst in einem so rigiden Rahmen Möglichkeiten für personzentriertes Handeln gibt, auch wenn sie sehr beschränkt sind. Doch sie zu nutzen, schafft ein etwas besseres Klima. Ebenfalls auf lebhaftes Interesse stieß die Schilderung über personzentrierte Pädagogik in der Tagesstätte eines Heilpädagogischen Zentrums in Bayreuth. Dort sind Ideen verwirklicht worden, an denen sich auch reguläre Schulen und Kindergärten ein Beispiel nehmen könnten. Solche Ansätze könnten dazu beitragen, die geforderte Inklusion überhaupt zu ermöglichen. Auch dieses Treffen war ein Erfolg, und das nächste stand bereits wieder fest. Im September 2013 würde es von der Caritas Vorarlberg in Bludenz organisiert werden.

Das war jetzt, nach dem sommerlichen Desaster genau der richtige Anlass, um zu beruflichen Aktivitäten zurückzukehren. Die Anreise war kurz, ich stand nicht unter Druck, war nicht verantwortlich, sondern konnte entspannt dabei sein und mich in die Diskussion einbringen, wenn es mir wichtig erschien. Wieder durfte ich erleben, wie meine Saat langsam aufgeht und die personzentrierte Arbeitsweise sich allmählich ausbreitet.

Neu war bei diesem Treffen, dass erstmals behinderte Menschen als Referenten aktiv waren. Ihr Beitrag zum Thema *Interessenvertretung nach dem personzentrierten Ansatz* rief staunende Bewunderung hervor. Bemerkenswert ist allein schon, was das oberösterreichische Chancengleichheitsgesetz vorschreibt: In allen einschlägigen Organisationen muss es für jeden Bereich Interessenvertreter geben, welche von den behinderten Menschen aus ihren eigenen Reihen gewählt werden.

In sämtlichen Beiträgen zu diesem Fachtag wurde immer wieder Bezug auf die personzentrierten Handlungsgrundlagen und Richtlinien genommen, die in meinen Büchern beschrieben sind, und aufgezeigt, inwiefern sich das praktische Vorgehen auf sie abstützte. Es zeigt sich, dass diese Kriterien auch für die aktuell geforderte Umsetzung der UN-Behindertenrechtskonvention Gültigkeit haben und außerordentlich hilfreich sind, obschon diese Anforderungen noch nicht bekannt waren, als das Konzept entstand. Das ist eine sehr schöne und ermutigende Bestätigung.

Wieder waren über fünfzig Leute zusammengekommen und wieder hat sich gezeigt: Die personzentrierte Arbeitsweise bewährt sich in der Betreuung und Begleitung von behinderten und/oder pflegebedürftigen Menschen und gewinnt in diesem Arbeitsbereich zunehmend an Boden. Die jährlichen Netzwerktreffen sind zu einem wichtigen Forum geworden, an dem interessierte Fachleute sich austauschen, voneinander lernen und Anregungen für die weitere Entwicklung bekommen können.

2014 wurde der Fachtag vom Diakoniewerk Oberösterreich in Linz organisiert. Das Netzwerk wächst: Diesmal waren es über 80 Personen, die im Neuen Rathaus zusammenkamen, um sich intensiv mit der personzentrierten Arbeitsweise auseinanderzusetzen. Wiederum wurde in spannenden Beiträgen sichtbar, wie vielfältig sich die personzentrierte Arbeitsweise in verschiedenen Bereichen bewährt.

Kolleginnen und Kollegen berichteten, wie unter den spezifischen Rahmenbedingungen ihres Tätigkeitsbereichs die personzentrierten Handlungsgrundlagen und Richtlinien in den jeweiligen Berufsfeldern umgesetzt werden, z. B. in einer psychiatrischen Klinik, in Therapie und Beratung für Menschen mit Behinderungen, in Einzel- und Teamsupervision. Erneut wurde sichtbar, wie diese Arbeitsweise in ganz verschiedenen Fachgebieten einen Entwicklungsprozess in Gang setzen kann, durch den sich ganz andere Lösungen erschließen, Lösungen, die sich die Beteiligten vorher gar nicht vorstellen konnten und die den Bedürfnissen der betroffenen Menschen besser gerecht werden, aber auch für die Betreuerinnen und Betreuer entlastend und wesentlich befriedigender sind.

Diesmal waren noch mehr behinderte Menschen unter den Referenten, die interessante Projekte vorstellten. Zum Beispiel eine »Hörzeitung« die von den Beschäftigten ihrer Werkstätte selber konzipiert und in Zusammenarbeit mit der Linzer Medienwerkstatt als CD herausgebracht wird. Gedruckt gibt es die Zeitung schon länger, nun soll die »Hörzeitung« auch denen Zugang zu Informationen geben, die nicht oder kaum lesen können. Was wird damit angestrebt? Der Zugang zu Informationen soll »Anregungen geben«, »neue Erfahrungen ermöglichen«, es brauche ihn, »damit sie Entscheidungen treffen können«, »damit sie Erlebnisse und Erfahrungen austauschen können«. Zum Beispiel wird über ein Konzert berichtet, das einige Beschäftigte besucht haben, oder über Erfahrungen bei einem Rundgang durch Linz unter dem Motto: »Mit welchen Sinnen kannst du die Stadt erleben?« Es werden Informationen vermittelt zu: »Was war auf der Integra los?« »Was ist der Easy-mailer?« oder »Warum ändert sich unser Klima?« Auch ein Hörrätsel gibt es, und in der gedruckten Ausgabe eine Rätselseite, sowie einen Überblick über bevorstehende Veranstaltungen.

Auf die Frage aus dem Publikum, woher sie die Informationen nähmen, antwortete einer der Referenten mit sichtlichem Stolz: »Aus dem Computer«. Tatsächlich wird immer offensichtlicher, wie sinnvoll elektronische Hilfsmittel für behinderte Menschen sein können – vorausgesetzt, sie werden im Umgang damit geschult. Auch ist höchste Zeit, die Beschäftigungsangebote entsprechend zu erweitern und nicht länger bei den immer gleichen, oft eintönigen Tätigkeiten stehen zu bleiben, die traditionell als »behindertengerecht« gelten.

Aufschlussreich im Hinblick auf die personzentrierte Arbeitsweise waren für mich die Antworten von Beschäftigten einer anderen Werkstätte auf Fragen, die ihnen im Rahmen eines Planungsgesprächs gestellt worden waren: Was heißt für dich, ernst genommen zu werden? »Dass ich von meinen Begleitern gehört werde.« »Dass ich mich entscheiden kann.« »Wenn man mir Unterstützung anbietet.« Was heißt für dich verstanden werden? »Es hört mir jemand zu.« »Man nimmt sich Zeit für Gespräche.« »Es wird mir etwas öfter erklärt.« »Wenn ich keine Angst haben muss.« »Dass nicht alle durcheinander sprechen.« In diesen Antworten kommen nahezu wörtlich einige der »Richtlinien für den Alltag« zum Zug, die ich in *Ernstnehmen, Zutrauen, Verstehen* formuliert habe.

DIE AUSSAGEN der Befragten zeigen einmal mehr, wie hilfreich es ist, *gemeinsam mit* den betroffenen Menschen nach Lösungen zu suchen. Oftmals sind ihnen ganz andere Dinge wichtig, als das Umfeld annimmt. Das ist keineswegs nur bei behinderten Menschen so. Bei alten Menschen wird ebenfalls gerne von den eigenen Vorstellungen ausgegangen oder von theoretischen Überlegungen, was alte Menschen mögen und brauchen. Dass das bei jedem Menschen anders ist, wird viel zu wenig berücksichtigt. Vielleicht, weil es anspruchsvoller ist, verschiedene Ansichten und Bedürfnisse zu berücksichtigen, als alle nach einem festgelegten Schema zu behandeln?

Die Vorstellung zu wissen, was andere wollen, spielt in zwischenmenschlichen Beziehungen ganz allgemein eine fatale Rolle. So manche Paarbeziehung kommt ins Schlingern, weil beide Seiten darunter leiden, dass sie sich (vermeintlich!) völlig nach den Wünschen des anderen richten und selber zu kurz kommen. Sie sind dann völlig konsterniert, wenn sich in einer Paartherapie herausstellt, dass ihre Vorstellung von den Wünschen des anderen überhaupt nicht der Realität entspricht. Manchmal ist das Erkennen dieser Diskrepanz der Schlüssel für einen Neubeginn – manchmal ebnet es den Weg zu einer einvernehmlichen Trennung.

Besonders interessant war bei dem Linzer Treffen, dass der etwas langsamere Rhythmus der behinderten Referentinnen und Referenten eine gewisse Ruhe in den gesamten Ablauf der Tagung brachte, der von den Teilnehmenden als sehr wohltuend empfunden wurde. Das ist eine bedenkenswerte Erkenntnis, auch für Tagungen zu anderen Themen und ohne behinderte Referenten. Ein etwas ruhigerer Rhythmus, der mehr Luft lässt zum Nachdenken und für informelle Gespräche, wäre oft wesentlich fruchtbarer als ein überfülltes Programm, das im Eiltempo heruntergeschnurrt wird, sodass die Teilnehmenden manches gar nicht oder nur sehr oberflächlich aufnehmen können.

Das Internationale Netzwerk Personzentriert Arbeiten hat Fuß gefasst. Die Organisation weiterer Treffen ist gesichert. Fazit: Das Netzwerk erfüllt seinen Sinn, es wird wachsen und sich weiter entwickeln, auch wenn ich nicht mehr da bin. Das ist ein gutes Gefühl und ein unerwartetes Geschenk für mich. Noch kann ich dabei sein und etwas dazu beitragen, wenn ich mag, kann Überlegungen zu Themen, die mir besonders am Herzen liegen, in die Diskussion einbringen und im Dialog mit anderen vertiefen. Solange es geht, werde ich das mit Freude tun. Es ermöglicht mir, auf dem Laufenden zu bleiben und mir über aktuelle Entwicklungstendenzen Gedanken zu machen. Einige meiner Überlegungen will ich hier einfließen lassen.

Sie beziehen sich keineswegs ausschließlich auf behinderte Menschen. Wenn immer wieder von ihnen die Rede ist, so deshalb, weil ich der Begegnung mit ihrem »Anderssein« entscheidende Einsichten verdanke, sowohl für meine gesamte berufliche Tätigkeit wie für mich persönlich. Jetzt, da ich alt bin, kommen mir diese Einsichten mehr denn je selber zugute. Geistig behinderte Menschen sind wohl in vieler Hinsicht »anders« und bringen ihre Gefühle manchmal auf für uns schwer verständliche Weise zum Ausdruck, doch in den wesentlichen Grundzügen, die uns Menschen ausmachen, sind wir uns gleich: Sie haben Sehnsüchte wie wir, sie leiden wie wir, freuen sich wie wir, sind verzweifelt wie wir – manchmal vielleicht aus Gründen, die wir nicht so leicht nachvollziehen können. Wir sind leider sehr schwer von Begriff, wenn es darum geht, Menschen mit geistiger Behinderung zu verstehen. Das wird mir immer deutlicher bewusst. Um dieses Verstehen müssen wir uns bemühen, vielleicht mehr als bei anderen Menschen, doch bemühen müssen wir uns immer. Bei genauerem Hinsehen zeigt sich nämlich, dass jeder Mensch anders erlebt und sich anders ausdrückt. Wir sind alle *etwas* »anders«. Deshalb dürfen wir nie nur von der eigenen Sichtweise ausgehen, sondern müssen auf diese (manchmal sehr feinen) Unterschiede achten und sie gelten lassen.

Die Begegnung mit behinderten Menschen und ihren

so unterschiedlichen inneren Welten hat für mich vieles deutlich sichtbar gemacht, das nicht nur für jede Art von Arbeit mit Menschen (ob in Psychotherapie, Betreuung, Pflege oder Pädagogik) von Bedeutung ist, sondern ganz allgemein für den Umgang mit Menschen, nicht zuletzt den mit sich selbst.

Im Alter wird vieles anders, als es noch vor wenigen Jahren war. Manches, was mir ein Leben lang normal vorkam, ist es nicht mehr. Zum einen, weil sich die Welt ständig ändert und damit auch das, was als Normalität angesehen wird. Und zum anderen, weil ich vieles nicht mehr kann, was früher selbstverständlich war. Bin ich deswegen nicht mehr für mich zuständig? Muss ich mich so verhalten, wie andere es für mich richtig finden? Glücklicherweise nicht. Warum wird das von denen erwartet, die in Institutionen leben müssen? Seit ich mich altersbedingt selber vermehrt mit Einschränkungen abfinden muss, ist vieles, was ich in meinen Büchern für sie fordere, für mich selber wichtig geworden.

Sowohl im Umgang mit behinderten wie mit alten Menschen sind neben sehr erfreulichen Entwicklungen in den letzten Jahren auch bedenkliche Tendenzen zu beobachten. Das allgegenwärtige Schlagwort »Anti-Aging« zum Beispiel will uns einreden, »altern« sei etwas, das unter allen Umständen verhindert und bekämpft werden müsse.. Doch es gibt nur eine einzige Möglichkeit, nicht alt zu werden: früh sterben. Ist das so erstrebenswert? Wozu also das Getue mit vorgetäuschter Jugendlichkeit? Wozu die Falten liften, die grauen oder weißen Haare blondieren oder rot färben? Ich sehe nicht ein, warum ich die Spuren gelebten Lebens verleugnen sollte. Sie gehören genau so zu mir wie die Farbe meiner Augen, die Form meiner Nase und wie meine Erinnerungen.

Worte wie »alt« oder »geistig behindert« werden mit umständlichen sprachlichen Kapriolen tunlichst vermieden. Doch was als Nicht-Diskriminierung gemeint ist, zeugt eigentlich vom Gegenteil: einer abschätzigen Einstellung gegenüber Alter und Behinderung. Es nützt nichts, den Sprachgebrauch zu ändern, wenn sich die Einstellung gegenüber behinderten und alten Menschen nicht ändert. Es ist keine Schande, alt zu sein, und es ist keine Schande, behindert zu sein, ob geistig oder körperlich, ebenso wenig ist es eine Schande, psychisch krank zu sein. Es ist keine Schande, »nicht normal« zu sein. Was ist denn überhaupt normal und wer bestimmt das?

Was ist normal?

Was als normal gilt, ist einem ständigen Wandel unterworfen. Bis vor nicht allzu langer Zeit herrschte die Meinung vor: Mit jemandem, der in aller Öffentlichkeit laut vor sich hin spricht, stimmt etwas nicht. Heute ist es normal, dass die Leute auf der Straße und im Tram in ihr Mobiltelefon sprechen und ich mir ihre Beziehungsprobleme, ihre komplizierten Verabredungen fürs Wochenende oder den Speisezettel für ihr Abendessen anhören muss. Manchmal setzen sich die Satzfetzen von verschiedenen Seiten zu einem surrealen Text zusammen, der an absurdes Theater erinnert, also an etwas, das in meinen jüngeren Jahren hoch im Kurs war: Eugène Ionesco, Jean Tardieu (von dem ich damals einiges übersetzt habe) und andere Autoren. Dieses absurde Theater ist heute Alltag. Manchmal finde ich es lustig, meistens aber ziemlich lästig.

Dass dieses lästige Verhalten auch eine gute Seite hat, wurde mir bewusst, als neulich im Supermarkt eine Frau vor der Kasse laut, monoton und zusammenhangslos vor sich hin lamentierte und kein Mensch sich darüber aufhielt. Kurz darauf begegnete sie mir auf der

Straße wieder und später noch einmal auf der Post, immer noch redete sie unentwegt im gleichen Ton laut vor sich hin. Dass sie nicht in ein Mobiltelefon sprach, war offensichtlich – es war wohl eine psychisch kranke Frau, vielleicht eine Psychiatriepatientin, die Ausgang hatte. Niemand schaute sie schief an oder machte eine missbilligende Bemerkung, wie das früher sicher der Fall gewesen wäre. Da wären die Leute befremdet von der »Verrückten« abgerückt oder hätten gar nach der Polizei gerufen.

Veränderte Sichtweisen wirken sich in vielen Lebensbereichen aus. Es gibt heutzutage fast mehr Patchworkfamilien als solche, die bis vor kurzem noch als die einzig normalen betrachtet wurden. In meiner Schulzeit war ich die einzige in der Klasse, deren Eltern geschieden waren. Inzwischen betrifft das in vielen Schulklassen die Mehrheit der Kinder. Verschiedene Formen von Paarbeziehungen sind heute normal und akzeptiert, die vor noch nicht allzu langer Zeit verpönt, wenn nicht gar strafbar waren. Ich kann mich noch gut an die Schwierigkeiten erinnern, die man in den 1950er Jahren als nicht (oder noch nicht) verheiratetes Paar hatte, in einem Hotel ein gemeinsames Zimmer zu bekommen. Das war damals absolut nicht »normal«.

So ganz komme ich mit dem Zeitgeist nicht immer mit. Manches um mich herum kommt mir nicht unbedingt normal vor. Zum Beispiel die allgegenwärtige Musikberieselung, oft mit erheblichem Lärmpegel, ist das wirklich normal? Mein ältester Enkel und ich wurden sehr komisch angeschaut, als wir ein Lokal in der Nachbarschaft, wo wir eigentlich zu Mittag essen wollten, wieder verließen, ohne etwas zu bestellen, weil es so laut war, dass wir uns nicht miteinander unterhalten konnten. Die Kellnerin meinte schnippisch: »Bei uns ist das eben so.«

Wie normal ist es, dass heutzutage ein großer Prozentsatz der Vierzigjährigen bereits schwerhörig ist? Dass sie sich als Jugendliche bei den Konzerten ihrer Lieblingsbands so nahe wie möglich an die Lautsprecherboxen gedrängt haben, geschah immerhin aus eigenem Antrieb, auch wenn sie sich über die Folgen nicht klar waren. Aber wie ist das mit Kindern, die schon sehr früh diesem Lärmpegel ausgesetzt werden, weil sie von klein auf überallhin mitgenommen werden, obwohl ihr Gehör noch sehr fein und empfindlich ist? Meine kleine Enkelin hält sich die Ohren zu und jammert: »Laut, laut!!!«, wenn sie an einem Kirchturm vorbeikommt, wo gerade die Glocken läuten. Daran musste ich denken, als neulich an einem Sonntagmorgen ein Paar mit zwei Kindern vor mir herging, der Vater mit dem Sohn ein paar Schritte voraus, die Mutter mit dem kleinen Mädchen hinterher, das jämmerlich weinte und schrie: »Nein, nein, ich will nicht, ich will heim.« Die Eltern nahmen unbeirrt ihren Weg in eben jenes Lokal, aus dem mein erwachsener Enkel und ich kürzlich geflüchtet waren. Am Sonntag wird dort ein Brunch serviert. Vermutlich fürchtete sich das kleine Mädchen vor dem Lärm dort, der für seine empfindlichen Ohren völlig unerträglich sein musste, wenn selbst eine schwerhörige Großmutter wie ich ihn kaum aushalten konnte.

Veränderte Ansichten von dem, was »normal« ist,

können sich positiv auswirken, wenn sie mit mehr Toleranz einhergehen. Das müsste noch viel mehr der Fall sein: mehr Verständnis für »andere«, vielleicht manchmal etwas seltsame Gewohnheiten anderer Menschen, oder dafür, dass alte Menschen nicht so schnell sind beim Aussteigen aus dem Tram oder beim Bezahlen an der Kasse, dass sie nicht mehr so gut hören und nicht immer gleich verstehen, wenn für sie zu leise oder zu wenig deutlich gesprochen wird. Viele Probleme mit Menschen, die »anders« sind, ließen sich entschärfen, wenn ungewohnte Verhaltensweisen etwas großzügiger hingenommen würden. Damit meine ich allerdings nicht das (leider zunehmende) Tolerieren von Rücksichtslosigkeit und Ellbogenmentalität. Von formaler Höflichkeit halte ich wenig, aber Rücksichtnahme, Hilfsbereitschaft, Freundlichkeit sind »Tugenden«, die das Leben sehr viel angenehmer machen.

Früher war es normal, eine Tür aufzuhalten, wenn hinter einem noch jemand kam. Ich tue das nach wie vor (obwohl es mir bei schweren Türen mit meinen ramponierten Armen manchmal Mühe macht). Wie »altmodisch« das ist, wurde mir kürzlich bewusst, als ich einem jungen sportlichen Mann hinter mir die Tür aufhielt. Er dachte nicht daran, sie mir abzunehmen, sondern schritt zielstrebig an mir vorbei. Ich konnte mir nicht verkneifen, ihm ziemlich sarkastisch »danke« nachzurufen, worauf er sich umdrehte und freundlich sagte: »Oh bitte, bitte.«

BEHINDERTEN MENSCHEN gegenüber wird trotz der vielversprechenden Parole »Normalisierung« merkwürdigerweise an einem überholten Begriff von Normalität festgehalten. Gleitende Arbeitszeiten, die vor einigen Jahren noch undenkbar waren, sind inzwischen weit verbreitet. Warum nicht in Werkstätten für behinderte Menschen, bei denen das besonders angezeigt wäre? Immer noch wird die Trennung von Wohn- und Arbeitsort als unverzichtbares Kriterium der Normalität gesehen, die behinderten Menschen ermöglicht werden soll. Diese Trennung ist im »normalen« Leben keineswegs zwingend gegeben. Auf einem Bauernhof zum Beispiel oder in kleinen Betrieben und Läden, die sich im selben Haus befinden wie die Wohnung, (die werden zwar immer seltener, aber es gibt sie noch) verwischt sich diese Grenze. Außerdem besteht zunehmend die Tendenz, gewisse Arbeitsplätze, z. B. am Computer, ganz oder teilweise nach Hause zu verlagern. Ganz zu schweigen von der immer wieder einmal laut werdenden Forderung nach einer Grundrente für alle anstelle von Sozialleistungen für einzelne. Dazu wird es wohl kaum jemals kommen, doch für Menschen mit Behinderungen wäre das ein sehr bedenkenswertes Modell. Zumindest sollte ihnen das ganze bestehende Spektrum von Verbindung oder Trennung zwischen Wohnen und Arbeiten offen stehen. Es braucht kein Dogma, das für alle gilt, sondern vielfältige, flexible Angebote, die sich den individuellen Bedürfnissen und Möglichkeiten anpassen lassen. Teilzeitarbeit ist weit verbreitet, gerade in sozialen Berufen, wo vielfach nicht mehr 100 %, sondern nur 50 bis 80 % gearbeitet wird. Warum besteht eine solche Option für Menschen mit Behinderung nicht oder nur ganz selten? Für viele von

ihnen wäre es das einzig Richtige und so manche Ver-
haltensstörung ließe sich auf diese Weise vermeiden.
Wiederum sind es nicht die als Begründung vorgescho-
benen strukturellen Bedingungen, die das verhindern,
sondern liebgewordene alte Gewohnheiten. Arbeitszeiten lassen sich ändern. Betreuende sollten dann anwesend sein, wenn sie gebraucht werden, und nicht einem
Schema folgend, das von Krankenhäusern übernommen wurde.

Beim ASB Bremen hat man längst erkannt, dass die
Einteilung in Früh- und Spätdienst für Wohnhäuser
nicht geeignet ist. Da die Arbeitszeiten auf die Bedürfnisse der Bewohnerinnen abgestimmt sein müssen,
wurden sie entsprechend geändert. Es darf nicht sein,
dass behinderte Menschen Vollzeit arbeiten müssen,
weil das Personal im Wohnbereich nur morgens und
abends anwesend sind. Geradezu skandalös ist es, dass
aus demselben Grund tatsächlich gar nicht so selten
Bewohner in die Werkstatt oder Beschäftigung geschickt
werden, obwohl sie krank sind. Ist das »normal«?

Wohl ebenso wenig wie es normal ist, dass in manchen Heimen oder »Residenzen« alte Menschen, die
Hilfe bei der Körperpflege brauchen, abends um halb
acht im Bett sein müssen, obwohl sie lieber aufbleiben
würden und noch keinerlei Schlafbedürfnis haben. Notfalls wird halt mit Schlafmitteln nachgeholfen. Begründet wird das damit, dass später keine Fachkräfte mehr
im Haus seien. Da kann man nur den Kopf schütteln.
Was würde man sagen, wenn die Straßenbahnen abends
nicht mehr fahren, weil die Angestellten um acht Uhr
Schluss machen wollen? Absurd!

Dienstpläne müssen so angelegt sein, dass die Pflege-
kräfte dann anwesend sind, wenn die Bewohner sie
brauchen. Dass das geht, beweisen die Behinderteneinrichtungen des ASB Bremen, die seit einigen Jahren
ihre Dienstpläne so einteilen, dass individuelle Wünsche berücksichtigt werden können. Das lässt sich ohne
Weiteres machen, und sowohl die Bewohnerinnen wie
(nach einer gewissen Gewöhnungszeit) die Angestellten
sind sehr zufrieden mit dieser Regelung.

Ein schönes Beispiel, wie nützlich das Hinterfragen
alt gewohnter Regelungen sein kann, erwies sich in einer Teamsupervision, die eine Kollegin durchgeführt
hat. Das Betreuungsteam einer Wohngruppe für behinderte Menschen konsultierte sie wegen eines Problems
mit Frau X, die sich weigerte, vormittags zur Arbeit zu
gehen. Die Frage des Teams lautete: »Wie können wir
Frau X dazu bringen, dass sie morgens zur Arbeit geht?«
In mehreren von der Supervisorin sehr einfühlsam und
personzentriert geleiteten Sitzungen setzten sich die
Mitarbeiterinnen und Mitarbeiter vertieft mit dem Problem auseinander. Das führte schließlich dazu, dass ihre
Fragestellung sich veränderte zu: »Was spricht eigentlich dagegen, dass sie vormittags zuhause bleibt?« Sie
kamen zu dem Schluss: »Überhaupt nichts, im Gegenteil, es wäre sowohl für Frau X wie für uns besser.«
Seither bleibt Frau X vormittags zuhause, wo sie gerne
ein bisschen im Haushalt mithilft. Nicht nur sie fühlt
sich auf diese Weise viel wohler, auch das Team emp-
findet diese Lösung als ausgesprochen entlastend.

Ganz ähnliche Fragen stellen sich im Umgang mit
alten Menschen. Was spricht denn dagegen, dass Frau M

morgens länger im Bett liegen bleibt? Warum soll Herr U abends nicht bis zwölf Uhr aufbleiben? Mit zunehmendem Alter wird es immer wichtiger, dem Rhythmus des eigenen Körpers zu folgen. Das ist eine Kraftquelle, die alten Menschen nicht vorenthalten werden darf. Im Gegenteil, sie müssten ermutigt werden, sie zu nutzen, indem sie auf die Signale ihres Körpers achten und sich nach ihnen richten, auch wenn es eigentlich anders vorgesehen war. Wie sinnvoll das ist, merke ich sehr deutlich an mir selber. Ich lege mich hin, wenn ich müde bin, egal ob es in den »normalen« Tagesablauf passt oder nicht. Manchmal schlafe ich dann nur gerade zehn Minuten, manchmal eine Stunde, und manchmal genügt es einfach, eine Weile ruhig zu liegen und zu entspannen. So oder so bin ich danach ausgeruht und kann das, was ich vorgehabt hatte, viel besser erledigen, als wenn ich es stur wie geplant durchgezogen hätte. Und wenn nicht, muss es eben auf den nächsten Tag verschoben werden. Das ist in den allermeisten Fällen problemlos möglich.

Das Leben alter oder behinderter Menschen darf nicht zusätzlich (und unnötigerweise!) beeinträchtigt werden durch einseitige, von Ideologien bestimmte Sichtweisen eines jüngeren, »nicht behinderten« Umfeldes. Normalisierung darf nicht heißen, andere Menschen an die eigenen Vorstellungen von Normalität anzugleichen. Normalisierung bedeutet, ein breiteres Spektrum von Normalität wahrzunehmen, in dem das »Anderssein« anderer Menschen weder als minderwertig betrachtet noch geleugnet, sondern akzeptiert wird als eine von vielen möglichen Varianten des Lebens.

Normalisierung bedeutet: den Blickwinkel erweitern für die Vielfalt unterschiedlicher existentieller Bedingungen und Daseinsformen und für ebenso vielfältige unterschiedliche Möglichkeiten, ein normales Leben zu führen.

UM UNTERSCHIEDLICHEN MENSCHEN gerecht zu werden, braucht es eine breitgefächerte Auswahl an Angeboten. Unter anderem muss es nach wie vor geschützte Räume geben – gewiss nicht im Sinne der Schreckensbilder, die wir aus der alten Psychiatrie kennen, wo dieser Begriff als Rechtfertigung für das Einsperren von Menschen benutzt wurde, sondern von Wohn- und Beschäftigungsmöglichkeiten, in denen es gemächlicher zugeht und wo es Freiräume gibt, auch für etwas »seltsame« Lebensgewohnheiten und Verhaltensweisen, wo behinderten Menschen ihr eigener Rhythmus zugestanden wird und sie nicht unter Druck gesetzt werden. Das sind wir ihnen schuldig, und um das zu erreichen ist noch einiges Umdenken und manche Veränderung im eingespielten Alltag bestehender Einrichtungen erforderlich. Denn immer noch ist man vielerorts weit davon entfernt, solche unerlässlichen Voraussetzungen auch nur annähernd zu erfüllen.

Nicht alle Menschen mit Einschränkungen und Behinderungen sind den »normalen« Arbeitszeiten und Anforderungen gewachsen, mit denen selbst viele »Normale« nicht mehr Schritt halten können. Die drastische Zunahme von Erschöpfungsdepressionen (oder Burnouts, wie sie lieber genannt werden) spricht eine deutliche Sprache.

Sich zu Stoßzeiten in überfüllte Straßenbahnen oder Busse zwängen zu müssen, ist zwar »normal«, aber es kostet Nerven und ist dem psychischen und physischen Wohlbefinden nicht unbedingt zuträglich, ebenso wenig wie sich in einer ungewohnten Nachbarschaft zurechtfinden zu müssen, die einem nicht immer wohlgesinnt ist. In einer normalen Wohnung zu wohnen, mit öffentlichen Verkehrsmitteln zur Arbeit zu fahren – für viele Menschen mit Behinderung mögen diese Rahmenbedingungen durchaus richtig sein und sich positiv auswirken. Aber längst nicht für alle.

Wir müssen unseren Handlungsspielraum erweitern und vielfältige neue Lösungswege finden, welche der Verschiedenartigkeit der Menschen und ihren unterschiedlichen Erlebensweisen gerecht werden. Individuell angepasste Wege für unterschiedliche Menschen sind sinnvoller und führen weiter als ausgeklügelte Patentlösungen, die vermeintlich für alle gelten, jedoch in der Praxis allzu oft in einer Sackgasse enden. Nicht alle Menschen können auf ein- und dieselbe Art erreicht werden. Was für den einen richtig ist, kann für die andere vollkommen falsch sein. Den *für sie* richtigen Weg kann uns nur die Person selber weisen, *von ihr müssen wir uns leiten lassen*, nicht von unseren Vorstellungen von dem, was für sie richtig sei.

Ein schönes Beispiel für die Bereitschaft, eigene Vorstellungen über Bord zu werfen, begegnete mir in einem Schweizer Wohnheim. Eine Bewohnerin bekam einen Schuhschrank. Die Betreuerin zeigte ihr, wie er eingeräumt wird. Doch die Bewohnerin wollte es anders haben: Sie stapelte ihre sämtlichen Schuhe zu einer Art Pyramide oben auf dem Schrank; die dafür vorgesehenen Fächer ließ sie leer. Für die Betreuerin war es keine Frage, das genau so zu belassen: Es sei *ihr* Zimmer und die Bewohnerin könne ihre Sachen so einräumen, wie sie möchte. Eine vorbildliche Haltung, von der zu hoffen ist, dass sie immer mehr Verbreitung findet – es wäre nicht mehr als ein notwendiger Schritt in Richtung Normalität.

Es ist normal, dass behinderte Menschen genau wie andere ihr Zimmer so gestalten können, wie es ihnen gefällt, selbst wenn es dann vielleicht etwas »ungewohnt« aussieht. Das eigene Zimmer ist ihre einzige, ohnehin viel zu eingeschränkte Privatsphäre. Die muss respektiert werden, ohne Wenn und Aber. Doch wie so manche Selbstverständlichkeit ist das Respektieren der Privatsphäre von behinderten Menschen längst nicht überall selbstverständlich. Hier, wie in so vielen anderen Bereichen, üben die Betreuenden mit ihren Vorstellungen eine bestimmende Macht aus, die ihnen keineswegs zusteht und viele Probleme verursacht, welche dann den behinderten Menschen angelastet werden.

Die Privatsphäre behinderter oder alter Menschen wird viel zu oft nicht respektiert. Das hat unter anderem damit zu tun, dass die Fachleute sich über die Rahmenbedingungen ihrer Beziehung zu ihnen nicht im Klaren sind, sondern sich dabei von ihren eigenen Normen, Vorstellungen oder gar Wünschen leiten lassen.

DIE BEZIEHUNG hat im personzentrierten Ansatz von jeher einen hohen Stellenwert. Inzwischen ist ihre entscheidende Bedeutung für die Arbeitsqualität in allen sozialen Tätigkeiten unbestritten. Doch was genau diese Beziehung ausmacht und wie sie zu gestalten ist, darüber gehen die Meinungen weit auseinander. Selbst Mitarbeiterinnen und Mitarbeiter von Organisationen, die sich in ihrem Leitbild ausdrücklich auf die personzentrierte Haltung berufen, haben oft nur diffuse Vorstellungen, was das konkret heißt.

Personzentrierte Haltung heißt: sich in andere Menschen verständnisvoll einfühlen, selbst wenn ihr Verhalten schwer nachvollziehbar ist, sie akzeptieren und ungeachtet ihrer Beeinträchtigungen als Personen wertschätzen. Zudem sollen sich Fachleute nicht hinter einer Berufsmaske verstecken, sondern als Personen wahrnehmbar sein, und – das ist ein besonders wichtiger Punkt – sich ihrer eigenen Impulse, Gefühle, und Empfindungen stets bewusst sein und sie von denen des Gegenübers unterscheiden können.

So selbstverständlich und »allgemein menschlich« diese Haltung auf den ersten Blick erscheinen mag – sie konsequent zu verwirklichen ist eine anspruchsvolle Aufgabe. Dass diese Grundsätze für eine Vielfalt von Beziehungen gelten, bedeutet nicht, dass sie überall auf die gleiche Weise umgesetzt werden können. Die Umsetzung in die Praxis muss differenziert auf den beruflichen Rahmen, die spezifischen Aufgaben der Fachpersonen sowie auf die Lebensbedingungen und individuellen Bedürfnisse der einzelnen Klienten abgestimmt werden. Es genügt nicht, die zentrale Bedeutung der Beziehung im Leitbild zu verankern und es den Mitarbeiterinnen und Mitarbeitern zu überlassen, was sie darunter verstehen. Charakter, Funktion und Grenzen der Beziehung müssen klar und für alle verbindlich definiert sein. Das sicherzustellen ist Aufgabe der leitenden Gremien.

Was charakterisiert diese Beziehung? Vor allem: Es ist *keine private, sondern eine professionelle Beziehung.* Es mag befremdlich erscheinen, das ausdrücklich zu betonen. Doch diese offensichtliche Gegebenheit wird in der Praxis erschreckend oft übersehen oder verwischt. Dass es sich um eine professionelle Beziehung handelt, muss für beide Seiten unmissverständlich klar sein, auch wenn sie noch so herzlich, warm und liebevoll ist. Mit professionell ist hier keineswegs kalt, gefühllos oder mechanisch-routiniert gemeint, sondern: Die Beziehung muss den Rahmenbedingungen und der damit verbundenen Aufgabe angemessen sein.

Selbstverständlich ist trotz klarer, für alle Mitarbeiterinnen und Mitarbeiter verbindlicher Kriterien jede Beziehung individuell geprägt, denn Menschen – ob behindert oder nicht behindert – sind unterschiedliche Persönlichkeiten. Die eine Mitarbeiterin findet zu diesem Menschen leichter Zugang, ein anderer Mitarbeiter zu jenem, genau wie umgekehrt manche Menschen auf die einen Betreuer besser ansprechen und manche auf andere. Das darf auch so sein, vorausgesetzt, persönliche Sympathien oder Antipathien führen nicht zu Bevorzugung oder Benachteiligung einzelner Klienten und beeinträchtigen nicht die geforderte Grundqualität der Beziehung. Diese unabhängig von persönlichen Vorlieben und Abneigungen zu gewährleisten, sind die Betreuer verpflichtet. Das ist in diesem Beruf eine unabdingbare Voraussetzung für professionelle und kompetente Arbeit

Dass Beziehungen nicht alle gleich sind, ist nur natürlich angesichts der Vielfalt unterschiedlicher Persönlichkeiten – auf beiden Seiten. Diese Vielfalt bietet die Chance, dass für unterschiedliche Menschen unterschiedliche Zugangswege zur Verfügung stehen. Entscheidend ist, dass besonders gute Kontakte zwischen einzelnen Betreuerinnen und bestimmten Klienten nicht gegeneinander ausgespielt werden.

Beziehung ist nicht gleichzusetzen mit Nähe; dieses verbreitete Missverständnis kann leicht zum Fallstrick werden. Es geht nicht um möglichst große Nähe, sondern um das – individuell sehr unterschiedliche – *richtige Maß an Nähe und Distanz*, das eine verlässliche Beziehung zu *diesem* Menschen gewährleistet. Maßgebend sind dabei nicht die Vorstellungen der Betreuenden (und schon gar nicht eigene Wünsche nach Nähe), sondern einerseits die Rahmenbedingungen und andererseits die individuell unterschiedlichen Persönlichkeiten und Erlebensweisen der Menschen, um die es geht.

Das gilt auch für Pflegepersonen im Krankenhaus. Ich habe es als sehr zudringlich empfunden, als mich eine Pflegerin, die ich eigentlich geschätzt hatte, am Abend vor ihrer Abreise in die Ferien zum Abschied umarmte und küsste. Ich glaube kaum, dass sie das mit einer jüngeren Frau oder mit einem jungen Mann gemacht hätte. Von alten Leuten hingegen wird angenommen, dass sie körperliche Nähe mögen und brauchen. Das mag in manchen Situationen und für manche Menschen zutreffen, für andere nicht. In der geschilderten Situation habe ich es als unangebracht, betulich und herablassend empfunden. Ich mag das nicht, selbst wenn es gut gemeint ist. Nun, ein Spitalaufenthalt ist begrenzt, da sind solche übergriffigen Erfahrungen zwar unangenehm, aber bei weitem nicht so einschneidend, wie wenn sie da stattfinden, wo man zuhause ist.

In Wohneinrichtungen, ob für alte oder für behinderte Menschen, ist die Beziehung zwischen Mitarbeiterinnen und Mitarbeitern und den Bewohnerinnen und Bewohnern besonders delikat, weil sie *asymmetrisch* ist. Das wird viel zu wenig beachtet. Asymmetrisch steht hier weder für Überlegenheit der Fachkräfte noch für deren Berechtigung, behinderte oder alte Menschen von oben herab zu behandeln, sondern für die Tatsache, dass die Rahmenbedingungen der Beziehung nicht für beide Seiten gleich sind. Für die Fachpersonen ist die Beziehung mit einer *bezahlten Leistung* verbunden, die sie *im Rahmen eines Arbeitsverhältnisses* zu festgelegten Arbeitszeiten zu erbringen haben. Ihr privates Leben findet anderswo statt. Für *die Bewohnerinnen und Bewohner* spielt sich die Beziehung *in ihrem privaten Lebensbereich* ab und ist verbunden mit dem *Anspruch auf eine Dienstleistung*, die ebenso fachkundig wie auf ihre individuellen Bedürfnisse zugeschnitten sein muss. Ob Wohnheim oder begleitetes Wohnen – hier sind die Menschen zuhause, hier leben sie ihr *privates* Leben. Es ist normal und selbstverständlich, dass sie es nach *ihren* Vorstellungen gestalten wollen. Das *muss* ihnen ermöglicht werden und *gerade dabei* müssen sie von den Fachpersonen unterstützt werden.

Die ungleichen Rahmenbedingungen – berufliches

Umfeld für die einen, Privatsphäre für die anderen – schaffen eine komplexe und ambivalente Situation, in der es für die Mitarbeiterinnen und Mitarbeiter nicht immer leicht ist, die richtige Balance zu finden. Es erfordert sehr viel Achtsamkeit, Feingefühl und Respekt für »das Andere«, das Unbekannte – und manchmal Befremdliche – in anderen Menschen. Dazu gehört zwingend das Respektieren ihrer Privatsphäre. Darauf haben sie *ein Recht*. Dieses Recht wird Menschen mit geistiger Behinderung und alten Menschen, vor allem wenn sie demenzkrank oder zeitweise verwirrt sind, leider allzu oft nicht zugestanden.

Noch immer gibt es Einrichtungen, in denen die Teamsitzungen im Wohnzimmer der Bewohnerinnen abgehalten werden. Normalisierung? Ist es in normalen Betrieben üblich, dass Kadersitzungen in den Wohnzimmern von Angestellten durchgeführt werden, die diesem Kader nicht angehören, sodass sie während der Sitzung ihr Wohnzimmer nicht benutzen können? Ein absurder Gedanke. Bei behinderten Menschen findet man das »normal«.

Das unbestreitbare Recht, persönliche, ja intime Angelegenheiten auf ihre eigene Weise zu handhaben, wird Menschen mit Behinderung immer wieder in sträflicher Weise vorenthalten. Das folgende Beispiel, das man im 21. Jahrhundert in einem Land wie der Schweiz eigentlich nicht für möglich halten würde, ist leider (ebenso wie alle anderen in diesem Buch) nicht erfunden.

Anlässlich einer Weiterbildung schildert eine Sozialpädagogin die Schwierigkeiten mit einer Bewohnerin, die nicht auf der Toilette sitzen bleibe, worauf sie dann »die Sauerei anderswo« hätten. Auf meine Frage, wo denn genau das Problem liege, ob die Frau vielleicht nicht merke, wann sie auf die Toilette müsse, bekomme ich zur Antwort: »Wir haben halt so unseren Rhythmus.«

Solche Gepflogenheiten sind durch nichts zu rechtfertigen und haben nicht das Geringste mit einem einigermaßen normalen Leben zu tun. Das sind massive und absolut unzulässige Verletzungen der Intimsphäre. Zudem verhindern sie, dass ein Mensch brachliegende Fähigkeiten entwickeln kann – wie bei dieser Frau, zu merken, wann sie zur Toilette muss – oder sie bewirken gar, dass eigentlich vorhandene Fähigkeiten verkümmern. Das ist nicht nur eine krasse Missachtung elementarer Menschenrechte, es widerspricht auch dem gesetzlichen Auftrag, behinderten Menschen Lernen und Entwicklung zu ermöglichen. Dieser Auftrag darf nicht mit »Erziehung« verwechselt werden.

LERNEN UND ENTWICKLUNG zu ermöglichen ist etwas ganz anderes als »Erziehung« im herkömmlichen Sinn. Das beweisen auf eindrückliche Weise die weiter oben erwähnten Erfahrungen mit personzentrierter Pädagogik in einer Tagesstätte für geistig behinderte Kinder und Jugendliche in Bayreuth. (Anne Heuberger: »Empowerment für Kinder?! – Freie Spiel- und Beschäftigungszeit«. In: Gesprächspsychotherapie und Personzentrierte Beratung 4/2014). Wenn das schon für Kinder zutrifft, bei denen Erziehung durchaus noch eine Rolle spielt, um wie viel mehr gilt es dann für erwachsene Menschen! Doch leider verstehen sich viele Betreuerinnen und Betreuer von Erwachsenen immer noch als »Erzieher«. Sie könnten von dieser Tagesstätte einiges lernen. Vorbildlich ist dort zudem, wie die Fachleute die Veränderungen in ihrem Selbstverständnis reflektieren, welche die Umstellung auf eine personzentrierte Arbeitsweise mit sich bringt, und wie sie sich mit der Verunsicherung auseinandersetzen, die anfangs damit einhergeht.

Das in sozialen Berufen vorherrschende Selbstverständnis ist nach wie vor stark von Pädagogik geprägt. Bei der Betreuung und Begleitung von erwachsenen Menschen ist Pädagogik fehl am Platz. Da geht es nicht um Erziehung, sondern darum, die individuellen Ressourcen der Menschen zu entdecken und zu fördern und ihnen behilflich zu sein, sie für sich nutzbar zu machen. Selbstverständlich können die Mitarbeiterinnen und Mitarbeiter dabei ihre sozialpädagogischen Fachkenntnisse sehr gut gebrauchen. Doch *wann und wie* sie diese richtig einsetzen, das können sie *nur von den betroffenen Menschen selber* erfahren. Man sollte bei Erwachsenen grundsätzlich nicht von Pädagogik sprechen (die Vorsilbe *paed* kommt vom Altgriechischen und steht für Kind) sondern allenfalls von »Agogik«, also Erwachsenenbildung.

Erwachsene Menschen mit Behinderung erziehen zu wollen, ist alles andere als normal. Doch leider spukt diese längst überholte, aber unglaublich zählebige Vorstellung immer noch in manchen Köpfen herum und wird – es ist kaum zu glauben – mit Normalisierung oder sogar mit dem aktuellen Postulat der Inklusion gerechtfertigt. Vor nicht allzu langer Zeit erklärte mir ein Mitarbeiter einer Institution (ein Psychologe notabene!) allen Ernstes, Inklusion beinhalte, dass nicht nur die Gesellschaft den behinderten Menschen, sondern diese auch der Gesellschaft etwas schuldig seien. Das heiße zum Beispiel, einem Mann, der oft und gerne bei Tisch rülpse, müsse das erst abgewöhnt werden, bevor man ihn ins Gasthaus mitnehme.

Das sind Momente, in denen ich verzweifeln könnte und mir vorkomme wie Sisyphus. Solche abwegigen Auslegungen bestätigen leider meine Befürchtung, dass der unglückliche Begriff Inklusion manchmal das Gegenteil von dem bewirkt, was sich wohlmeinende, aber kurzsichtige Theoretiker dabei gedacht haben. Nicht nur Normalisierung wird häufig falsch verstanden, auch andere gängige Slogans können leicht zu Fallstricken werden oder in Sackgassen führen.

Fallstricke und Sackgassen

Aktuelle Slogans wie Teilhabe, Inklusion oder lösungsorientiert sind in Diskussionen allgegenwärtig. Zweifellos liegen ihnen gute Absichten zugrunde, doch sie
werden sehr unterschiedlich verstanden und ausgelegt.
Und falsch verstanden bewirken sie oft das Gegenteil
von dem, was eigentlich mit ihnen gemeint ist.

Lösungsorientiert ist so ein Wort, das zurzeit in aller
Munde ist und nicht selten die Suche nach Lösungen
eher erschwert als erleichtert. Dabei ist die Methode
dieses Namens, wenn sie richtig eingesetzt wird, keineswegs schlecht. Doch der Begriff »lösungsorientiert«
ist unglücklich und irreführend, zum einen, weil er so
banal ist – schließlich geht es in jedem Ansatz um Lösungen –, zum anderen, weil er Betreuerinnen und Betreuer zur irrigen Annahme verleitet, sie müssten sich
fertige Lösungen ausdenken, (die dann um jeden Preis
funktionieren müssen). In Teamsitzungen wird sinnlos
viel Zeit verschwendet mit endlosen Diskussionen über
die richtige Problemlösung, meist gespickt mit »Kil-
lersätzen« wie: »Wenn wir das zulassen, will sie immer
noch mehr« oder »wenn der das darf, wollen es alle

anderen auch.« (Der Begriff »Killersatz« stammt nicht von mir, ich musste ihn mir vor vielen Jahren von einem klugen Supervisor sagen lassen, der einen Einwand von mir als solchen bezeichnete. Er hatte recht und ich habe mir das gemerkt!) Woher wollen Betreuerinnen und Betreuer so genau wissen, was passieren wird? Sie sind doch keine Hellseher! Warum probieren sie es nicht erst einmal aus? Wenn sich dann das Schreckliche, das sie befürchten, tatsächlich abzeichnen sollte, müssen sie ja nicht wie das Kaninchen vor der Schlange erstarrt abwarten, dass es geschieht, sondern können reagieren und handeln.

Fertige Lösungen zu präsentieren ist schon deshalb illusorisch, weil man vorher nicht voraussehen kann, wie jemand reagieren wird und ob er oder sie mit dem Vorschlag überhaupt etwas anfangen kann. Ebenso illusorisch sind die ach so beliebten »Abmachungen«. Die betroffenen Menschen stimmen zwar zu – es bleibt ihnen ja nichts anderes übrig –, aber sie können selber meist gar nicht im Voraus beurteilen, ob diese Lösung für sie wirklich richtig ist.

Was ein Team in Problembesprechungen (ich spreche bewusst nicht von *Fall*besprechungen) jedoch tun kann und tun soll: sich zuerst über die vielfältigen möglichen Gründe für das Problem klar werden und daraufhin überlegen, welche *ersten Schritte* zur Lösung des Problem führen könnten und ausprobiert werden sollten. Ob diese in die richtige Richtung weisen, können sie daraufhin nur von den betroffenen Menschen selber erfahren. Wenn sie es nicht mit Worten sagen können, dann mit ihrem Verhalten. Wenn Verhaltensstörungen zunehmen, ist das *immer* ein Hinweis, dass im Umfeld etwas schiefläuft. Dann muss man es mit anderen Schritten in eine andere Richtung versuchen. Auf diese Weise lassen sich wesentlich effizienter und schneller gangbare Wege finden, als wenn man vorgefertigte Lösungen durchpauken will. Und vor allem: Die Menschen, um die es geht, werden in die Suche mit einbezogen, auch die, die sich nicht verbal ausdrücken können.

Mit dem Wort *Teilhabe* konnte ich nie so recht warm werden. Mir ist der Begriff teil*nehmen* vertraut, dass auch von teil*haben* gesprochen wird, ist mir erst in den letzten Jahren aufgefallen. Ich mag das Wort nicht, vielleicht unterschwellig beeinflusst von Fromms *Haben oder Sein*. Vor allem das Substantiv Teilhabe ist mir suspekt, das meistens mit einer Auflistung dessen, woran Menschen *teilhaben sollen*, verbunden wird. Ich spreche in diesem Zusammenhang lieber von *teilnehmen können* und *Teilnahme ermöglichen*.

Bis vor kurzem glaubte ich, das habe mit meinem schweizerischen Sprachgebrauch zu tun, in dem das Wort Teilhabe nicht üblich ist. Dabei habe ich es bisher belassen und mich nie zu dem Begriff geäußert. Jetzt lese ich mit Verwunderung in einem Vortrag von Andreas Fröhlich, einem Deutschen (aus dem Südwesten) zu Teilhabe Folgendes: »Ich halte dies für ein – sprachlich gesehen – scheußliches Wort.« Er weist darauf hin, dass das eine relativ neue Wortkonstruktion ist, die erstmals 2001 im Duden Wörterbuch erwähnt und mit »Anteil haben« erklärt wird. Fröhlich fragt sich, warum das französisch-englische Ursprungswort participation in der UN-Charta über die Rechte von Menschen mit Behinderung als Teilhabe übersetzt wird. »Dieses deutsche Wort ist ein sehr statisches Substantiv; es geht um Haben« (an dieser Stelle verweist er auf Erich Fromm und fährt fort:) »Das im Original benutzte participation ist ein eher aktives Substantiv: Mitreden, Mitdenken, Mitplanen, Mitwünschen, Mitentscheiden, Mitablehnen, Mitverwirklichen, Mitverantworten. Diese Begriffe finden wir in englisch- und französischsprachigen Texten dem Wort Partizipation zugeordnet.« (Andreas Fröhlich, Vortrag beim Martinstift Symposium am 17.10. 2014 in Linz) Die Begriffe, die er aufzählt, sind alle sehr viel besser mit teil*nehmen* vereinbar als mit teil*haben*. Nehmen ist aktiv, man nimmt etwas oder man lässt es. Teilhaben ist passiv, man bekommt etwas, das man dann hat. Diese gönnerhafte Haltung ist gegenüber alten und behinderten Menschen leider sehr verbreitet. Wieder einmal hat mich mein Instinkt nicht irregeleitet. Meine Abneigung gegen den fragwürdigen Begriff Teilhabe hat offensichtlich gute Gründe.

Bei uns steht der Mensch im Mittelpunkt – es gibt kaum eine soziale Einrichtung, die das nicht so oder ähnlich von sich behauptet. Leider ist die Realität oft weit entfernt von diesem Ideal. Allzu häufig stehen nicht die Menschen, sondern festgelegte Abläufe und Strukturen bestimmend im Mittelpunkt. Doch die tückischsten Fallstricke lauern in den Vorstellungen in unseren Köpfen. Sie behindern Veränderungen weit mehr als verkrustete Strukturen und Abläufe. Die lassen sich relativ leicht ändern, sobald festgefahrene Vorstellungen über Bord geworfen werden. Das fällt den meisten Menschen schwer. »Es war schon immer so« ist eine verbreitete Antwort auf die Frage nach dem Sinn eines bestimmten Vorgehens – und die denkbar schlechteste Rechtfertigung für das Festhalten an liebgewordenen Gewohnheiten, die ihren Sinn verloren haben. Nach diesem Sinn muss immer wieder neu gefragt werden. Nicht alles, was früher einmal sinnvoll war, ist es noch. Wenn ein Vorgehen ständig Widerstand hervorruft und zu Problemen führt, ist das ein deutliches Indiz, dass es seinen Sinn nicht mehr erfüllt. Soziale Einrichtungen müssen althergebrachte Strukturen und eingespielte Gewohnheiten immer wieder neu überdenken und ändern, wenn sie überholt sind. Um offen zu sein für das, was *jetzt* sinnvoll ist, müssen sie »dranbleiben« an diesem Prozess, der nie endgültig abgeschlossen ist. Die Zeiten ändern sich und damit auch die Anforderungen an soziale Einrichtungen. Sie können ihnen nur gerecht werden, wenn sie ihr Tun immer wieder überprüfen und Erkenntnisse, die sich daraus ergeben, konkret und konsequent in den Arbeitsalltag umsetzen. Selbstreflexion ist in allen sozialen Berufen eine unabdingbare Voraussetzung, um sinnvolle Arbeit leisten zu können.

Selbstreflexion ist nicht nur bei der Arbeit unverzichtbar, sondern kann auch für uns persönlich eine große Hilfe sein. Gerade im Alter, wenn viele Fähigkeiten abnehmen, ist es nützlich, sich genau zu überlegen: Wo war der Fehler und was kann ich tun, um ihn künftig zu vermeiden? Unwillkürlich neigen wir dazu, uns an unseren früheren Fähigkeiten und Gewohnheiten zu orientieren, und schätzen die Situation nicht immer realistisch ein. Es ist wichtig, sein Selbstbild laufend an die sich verändernde Realität anzupassen, um entsprechend handeln zu können. Dann lässt sich der Alltag wesentlich leichter bewältigen.

DIE UNSITTE, englische Begriffe unzulänglich zu übersetzen oder unbesehen wörtlich zu übernehmen, ohne zu prüfen, ob ihr Bedeutungsspektrum mit dem deutschen übereinstimmt, öffnet willkürlichen Auslegungen Tür und Tor. Ob Fremdworte deswegen so beliebt sind, weil sie Kompetenz vorspiegeln und sich beliebig interpretieren lassen, ohne dass man ihre Bedeutung genau versteht?

Empowerment, zum Beispiel, wird immer wieder anders ausgelegt. Mit diesem englischen Wort will man betonen, wie sehr die Eigeninitiative von Menschen mit Behinderung gefördert wird. Was darunter konkret verstanden wird, hängt stark davon ab, welche Bedeutung das jeweilige Umfeld dem beimisst, was behinderte Menschen selbst tun sollten. Meist geht es um etwas, das den Betreuerinnen und Betreuern die Arbeit erleichtert. Das entspricht durchaus nicht immer dem, was die Menschen selber gerne selbständig tun und entscheiden möchten. Sie *dabei* zu unterstützen und ihnen den Rücken zu stärken ist der eigentliche Sinn von empowerment.

Allgegenwärtig, ja geradezu zum Modewort geworden, ist *Inklusion*. Das ist die offizielle (aber leider völlig unzulängliche) Übersetzung des englischen Begriffs *inclusion*. Er umfasst eine ganze Reihe von Bedeutungen, für die das Deutsche unterschiedliche Begriffe hat: Aufnahme, Einbeziehung, Einbettung, Vereinigung, Verschmelzung und eben das Fremdwort Inklusion, das im Deutschen für »Einschließung, Einschluss« steht. Das sind Begriffe aus der Gefängnissprache, die im Umgang mit behinderten Menschen wohl kaum angebracht sind. Die anderen erwähnten Begriffe wären alle wesentlich zutreffender, und es ist unbegreiflich, warum nicht einer von diesen gewählt worden ist. Doch leider nimmt man es mit der Bedeutung von aktuellen Schlagworten nicht so genau, notfalls werden sie einfach uminterpretiert. So schreibt man dem Begriff Inklusion seltsamerweise jetzt genau die Bedeutungen zu, denen der sehr viel offenere Begriff Integration weitaus besser entspricht. Integration umfasst laut Duden ein ganzes Spektrum an Bedeutungen, darunter: Verbundenheit, Vereinigung, Verschmelzung, Aufnahme, Einbettung, Einbeziehung, Eingliederung, Zusammenschluss, alles Begriffe, die sehr viel besser beschreiben, um was es geht, als die irreführende Bezeichnung Inklusion.

Das Problem der bei weitem nicht ausreichend verwirklichten Integration lässt sich nicht lösen, indem ein neuer Begriff auf den Markt geworfen wird, über den dann erneut ausufernd debattiert und konferiert werden kann. Viel ergiebiger wäre es, die Verwirklichung von Integration konkret anzupacken, herauszufinden, was bisher schief gelaufen ist und wie es besser gemacht werden kann – und zwar *gemeinsam mit den Betroffenen*, nicht über ihre Köpfe hinweg.

Anstatt das unglückliche Wort »Inklusion« krampfhaft umzuinterpretieren, wäre es vernünftiger gewesen, entweder bei der Bezeichnung »Integration« zu bleiben (wenn es denn unbedingt ein Fremdwort sein muss), oder aber das englische Wort *sinngemäß richtig* ins Deutsche zu übersetzen: Aufnahme, Einbeziehung, Eingliederung wären durchaus zutreffende Begriffe. Um etwas einbeziehen und auf*nehmen* zu können, müssen wir auf*machen*: Türen, Zäune, gesellschaftliche Systeme – und vor allem uns selber.

Glücklicherweise gibt es immer wieder hoffnungsvolle Lichtblicke, die zeigen, dass sich in den letzten Jahren da und dort manches verändert hat. Viele Fachleute sind heute offener dafür, behinderte Menschen ernst zu nehmen, sie einzubeziehen und ihnen etwas zuzutrauen. Hier ein besonders erfreuliches Beispiel:

Der Betreuer einer Wohngruppe lädt die (relativ schwer behinderten) Bewohner zu seiner Hochzeit ein. Er erklärt ihnen, dass es eine förmliche Hochzeit sein wird, zu der sie gut ihre Sonntagskleider tragen können. Sonst gibt er ihnen keinerlei Hinweise, wie sie sich zu verhalten haben. Und siehe da: Alle benehmen sich tadellos und dem Anlass entsprechend, obschon das für sie eine völlig neue Erfahrung ist und sie sich in der Wohngruppe ganz anders verhalten.

DIESES BEISPIEL bestätigt einmal mehr die Erfahrung, dass Menschen mit Behinderung oft ein erstaunlich feines Gespür dafür haben, wie sie sich in einer ungewohnten Situation verhalten müssen, wenn sie diese real erleben. Menschen lernen am meisten und am nachhaltigsten aus Erfahrungen, und zwar aus guten wie aus schlechten. Geistig behinderte Menschen haben wie alle anderen ein Recht darauf, aus Erfahrungen zu lernen, und zwar – das ist entscheidend – aus Erfahrungen mit der Realität. Reale Erfahrungen sind etwas grundlegend anderes als positive oder negative Verstärker, die sich die Betreuerinnen und Betreuer ausdenken. Die werden von den behinderten Menschen als Willkür und Machtmissbrauch empfunden, gegen die sie sich zu Recht wehren. Selbst in der Verhaltenstherapie, die sich seit den 1950er Jahren sehr stark weiterentwickelt und verfeinert hat, ist man längst von rein mechanistischen Methoden à la Skinner abgekommen. Kaum zu glauben, dass es tatsächlich noch Einrichtungen gibt, in denen diese weiterhin hochgehalten werden. Um es hier noch einmal ganz klar zu sagen: Solche Ansätze sind absolut unvereinbar mit der personzentrierten Arbeitsweise.

Offiziell wird unter Inklusion die Eingliederung behinderter Menschen in bestehende Systeme verstanden, in Schulen zum Beispiel oder in den regulären Arbeitsmarkt. Doch nicht alle Menschen mit Behinderung lassen sich einfach in bestehende Systeme eingliedern. Wenn einseitig nur das ins Auge gefasst wird, besteht die Gefahr, dass erneut Menschen ausgeschlossen werden, vor allem solche mit schweren Behinderungen. Das darf nicht sein.

ÖFFNUNG wäre das bessere Leitwort. Öffnen bietet aussichtsreichere Perspektiven als einschließen: unsere Sichtweise öffnen für vielfältige unterschiedliche Lebensformen. Schulen, Beschäftigungs-, Arbeits- und Wohnmöglichkeiten müssen ergänzt werden durch flexible Varianten, welche die unterschiedlichen Bedürfnisse, Fähigkeiten und Einschränkungen unterschiedlicher Menschen berücksichtigen – seien sie leicht oder schwer behindert – und passende Angebote bereitstellen, die je nach individuellem Bedarf sowohl Gemeinsamkeit wie Abgrenzung ermöglichen.

Öffnung braucht es allein schon, um die UN-Behindertenrechts-Konvention erfüllen zu können, die in Artikel 3 unter anderem fordert: »Die Achtung vor der Unterschiedlichkeit von Menschen mit Behinderungen und die Akzeptanz dieser Menschen als Teil der menschlichen Vielfalt.« Im Hinblick auf diese Vielfalt gibt Fröhlich zu bedenken: »Wenn also die Menschen nicht gleich sind, sondern verschieden, dann sollten wir in unseren Berufen auch nicht nach Einheitslösungen suchen ...« (siehe oben)

Vielversprechende Ansätze zeigen, dass es durchaus gelingen kann, auf dem freien Arbeitsmarkt Beschäftigungsmöglichkeiten zu schaffen, wenn sie den individuellen Fähigkeiten und Grenzen angepasst werden. Doch die Einrichtungen müssen sich aktiv darum bemühen und den Arbeitgebern, die meist keine Erfahrung mit behinderten Menschen haben, anfangs unterstützend zur Seite stehen. Sehr positiv ist, dass es Werkstätten für behinderte Menschen gibt, welche die üblichen Beschäftigungsmöglichkeiten bereits mit neuen, zeitgemäßen Angeboten ergänzt haben. Noch sind es wenige, doch diese Beispiele geben Anlass zu Hoffnung.

Der freie Arbeitsmarkt ist nicht für alle Menschen mit Behinderung geeignet, deshalb wird es weiterhin

Werkstätten und Tagesförderstätten brauchen, die speziell auf sie zugeschnitten sind. Doch die müssen sich ebenfalls öffnen: für flexiblere Arbeitszeiten ebenso wie für ein breiteres Spektrum an Arbeits- und Beschäftigungsmöglichkeiten. Nicht selten haben behinderte Menschen ganz spezielle Begabungen, die gefördert werden müssten. Meist werden diese überhaupt nicht erkannt und wenn, fehlt es an entsprechenden Lern- und Tätigkeitsangeboten, welche es den Menschen ermöglichen würden, ihre speziellen Begabungen zu entwickeln und sinnvoll zu nutzen. So verkümmern sie oder machen sich höchstens noch in Form von Verhaltensauffälligkeiten Luft. Die traditionell für behinderte Menschen vorgesehenen Beschäftigungen bedürfen dringend der Erweiterung durch neue zeitgemäße Angebote – Umgang mit Computer und Internet zum Beispiel. Damit kommen manche Menschen mit Behinderung erstaunlich gut zurecht, wenn sie richtig angeleitet werden.

Das wird bisher noch wenig zur Kenntnis genommen. Umso erstaunter war ich über das, was mir von einem Tageszentrum der Caritas in Polen berichtet wurde. Dort können nicht nur die üblichen Tätigkeiten wie kochen, nähen, Körbe flechten und verschiedene einfache handwerkliche Fertigkeiten gelernt werden, sondern auch der Umgang mit neuen Medien. Das ist umso überraschender, als sich dieses Zentrum in einer sehr armen, ländlichen Gegend befindet und die behinderten Menschen zuhause in ausgesprochen einfachen, teils prekären Verhältnissen leben. Für manche ist das Mittagessen in der Tagesstätte die einzige Mahlzeit am

Tag. Warum sind solche zeitgemäßen Beschäftigungsangebote in den Werkstätten hierzulande noch nicht selbstverständlich, deren Rahmenbedingungen sehr viel günstiger sind?

Sie könnten sich von der »Macherei« des Johannesstifts in Berlin inspirieren lassen, wo dies in geradezu vorbildlicher Weise geschieht. Die Macherei ist ein integratives Beschäftigungsangebot, das sowohl erwachsenen Menschen mit Behinderungen wie älteren Menschen zur Verfügung steht, die bereits in Rente sind, aber weiterhin gerne einer Tätigkeit nachgehen möchten. Es wird eine Vielfalt ganz unterschiedlicher Möglichkeiten angeboten wie Werken, Töpfern, Musik, Computer, Kochen, Geschichten erfinden, Entspannung, u. a. m. Die Teilnehmenden entscheiden selber, welche Angebote sie interessieren sowie für wie viele Stunden am Tag und wie viele Tage in der Woche sie tätig sein möchten.

Ich hatte Gelegenheit, die Macherei zu besuchen und war sehr beeindruckt. Zum Beispiel von der Computergruppe: Da saßen vier Personen vor ihren Bildschirmen und schrieben oder waren im Internet unterwegs. Erst als der Werkstattleiter mich darauf aufmerksam machte, dass sie die übliche Maus nicht bedienen konnten, bemerkte ich die verschiedenen Bedienungshilfen, die ihnen das Handhaben des Computers ermöglichten. Diese waren in der eigenen Werkstatt mit einfachen Mitteln konstruiert worden, jede anders und individuell den spezifischen Schwierigkeiten des betreffenden Menschen angepasst. Eine Frau hat zum Beispiel ein Holzbrett mit vier farbigen Holzkugeln, je nachdem welche Farbe sie drückt, wird ein bestimmter Ausschnitt der Tastatur vergrößert auf dem Bildschirm sichtbar, sodass sie mit einer einfachen Handbewegung den richtigen Buchstaben antippen kann. Bei einem anderen Mann funktioniert das Hilfsmittel über Sensoren an seinem Kopf, die offenbar an den Hirnströmen ablesen können, was er beabsichtigt, und das über elektrische Drähte auf eine Schaltvorrichtung weiterleiten, die ihm das Schreiben mit der einzigen Handbewegung ermöglicht, zu der er angesichts seiner schweren motorischen Beeinträchtigung fähig ist.

Solche Hilfsmittel ließen sich sicher auch in größerem Rahmen kostengünstig herstellen und müssten allen Menschen zur Verfügung stehen, die den Computer nutzen könnten und möchten, aber Schwierigkeiten haben, eine Maus oder ein Touchscreen zu bedienen. Das wäre auch für alte Menschen, deren Feinmotorik nicht mehr so gut funktioniert, sehr hilfreich.

Das Problem mit der Feinmotorik kenne ich selber nur allzu gut. Immer wieder mal vertue ich mich auf dem Touchscreen meines Laptops. Bisher geschieht es noch in erträglichem Maß, aber es ist lästig. Den Versuch mit einem Smartphone hingegen habe ich nach kurzer Zeit entnervt aufgegeben, weil ich einfach nicht damit zurechtkam. Gut, dass ich es meinem ältesten Enkel überlassen konnte, der gerade eines brauchte. Jetzt habe ich wieder ein gewöhnliches Mobiltelefon mit Tasten. Zum Glück gibt es die noch. Doch wer weiß, wie lange das noch der Fall sein wird.

Noch etwas ist nachahmenswert in der Macherei: Die Menschen müssen nicht jahraus jahrein dasselbe tun, sondern sich jeweils für vier Wochen zu einer bestimmten Tätigkeit verpflichten. Danach können sie wieder neu entscheiden, ob sie die nächsten vier Wochen dabei bleiben oder einer anderen Beschäftigung nachgehen wollen. So wird Eigenständigkeit, Entwicklung und Lernen gefördert. Auch behinderte Menschen wollen nicht Jahr für Jahr im selben Trott zubringen, und alte Menschen haben ebenfalls gelegentlich Lust, noch einmal etwas anderes zu versuchen.

Die Zeit für den Arbeitsbeginn legen die Teilnehmenden selber fest. Interessant ist, dass die allermeisten um zehn Uhr beginnen. Das scheint eine günstige Zeit für sie, um mit der Arbeit zu beginnen. So können sie morgens in Ruhe duschen, sich anziehen, frühstücken etc., ohne hetzen zu müssen. Das kann ich sehr gut nachvollziehen. Von mir soll vor zehn Uhr niemand etwas wollen, obwohl ich meist schon gegen sieben Uhr aufstehe.

Warum nur ist das nicht überall so, warum werden alte Menschen in aller Frühe geweckt, sitzen dann herum und müssen mit dem Frühstück warten, bis bei allen anderen die Morgentoilette erledigt ist, wie ich das in einer größeren Einrichtung in Deutschland gesehen habe? Ich hatte dort eine Weiterbildung zu machen, wurde im Gästezimmer untergebracht und musste morgens durch den Aufenthaltsraum der Bewohnerinnen gehen, von denen die meisten offensichtlich schon ziemlich hinfällig oder demenzkrank waren. Sie saßen in ihren Rollstühlen am Tisch, einige dösten apathisch vor sich hin, andere waren sichtlich gereizt und ungeduldig. Im Korridor vor der Tür standen die Wagen mit den Frühstückstabletts bereit, alle Brote bereits bestrichen mit derselben roten Marmelade (als ob alle Leute dieselbe Marmelade mögen würden!). Warum nur konnten diese Tabletts denen, die bereits angezogen und gewaschen auf ihr Frühstück warteten, nicht sofort serviert werden? Mit welchem Recht ließ man sie jeden Morgen so lange warten, bis alle soweit waren, was manchmal über eine Stunde dauerte? Lebensqualität sieht anders aus. Solche Gepflogenheiten sind eine klare Pflichtverletzung gegenüber den Menschen, für die eine solche Einrichtung da ist. Nun, in diesem Fall konnte ich meine Beobachtung gleich in die Fortbildung einfließen lassen und begründen, warum das absolut nicht tolerierbar ist. Ich kann nur hoffen, dass sich dort seither einiges geändert hat.

Angebote wie in der Macherei müssen auch anderswo selbstverständlich werden. Zwar haben nicht alle Werkstätten und Fördergruppen so günstige Rahmenbedingungen wie die Macherei, dennoch könnte (und sollte!) manches ohne Weiteres übernommen werden: die flexiblen Arbeitszeiten, die größere Vielfalt an Beschäftigungsmöglichkeiten – und vor allem ein Prinzip, auf das bisher kaum irgendwo Wert gelegt wird, das Jörg Markowski, der Leiter der Macherei, aber für unverzichtbar hält: »Die Tätigkeit muss Spaß machen.«

Diesen Satz hatte ich in diesem Zusammenhang zuvor noch nie gehört. Den sollten sich Leiter von Werkstätten und Tageseinrichtungen für behinderte Menschen ebenso wie Anbieter von Beschäftigungs- und Freizeitprogrammen für alte Menschen sehr zu Herzen nehmen.

Und sollten wir im Alter nicht selber vermehrt darauf bedacht sein, das zu tun, was uns Freude macht? Viele Menschen sind viel zu sehr in dem befangen, was sie immer noch für ihre Pflicht halten, weil es früher einmal so war. Zu erkennen, wann das nicht mehr so ist, macht den Weg frei, um zu entdecken, was *jetzt* möglich wird und Spaß macht.

FREUDE an dem, was wir tun, spielt eine viel größere Rolle für die Gesundheit als wir ahnen. Das wird von klugen Ärzten zunehmend erkannt. Der Schmerzspezialist, bei dem ich wegen meines Rückens in Behandlung war, beantwortete zu meinem Erstaunen die Frage, ob ich anschließend Physiotherapie machen müsse, mit der Gegenfrage: »Machen Sie das gern?« Und als ich verneinte, erklärte er sehr bestimmt: »Sie müssen etwas machen, das Sie gerne tun, sonst nützt es nichts.« Da ich seit langem gerne Yoga mache, und das zufällig bei einer Yogalehrerin, die zuvor viele Jahre als Pflegefachfrau in einer orthopädischen Klinik gearbeitet hat, meinte er, das sei dann wohl das Richtige für mich. Ich finde es großartig, dass Ärzte das heutzutage so sehen – eigentlich durchaus personzentriert. Oder hat sich diese Sichtweise noch nicht allgemein durchgesetzt und ich habe einfach Glück mit meinen Ärzten? Die Krankenkasse jedenfalls sieht es anders, für Yoga-Therapie kommt sie nicht auf (lieber für teure Operationen!). Ich muss diese Stunden selber bezahlen. Doch sie sind es mir wert – und sie nützen nicht nur, sondern machen mir auch Freude.

Wer achtet in Alters- und Pflegeheimen darauf, welche von den angeblich der Gesundheit dienenden Angeboten wem Spaß machen? Wird auf die individuellen Vorlieben und Abneigungen der alten Menschen geachtet und werden diese berücksichtigt? Werden behinderte Menschen gefragt, ob sie die Therapien gerne machen, die andere für sie gut finden? Wohl kaum! Dabei wäre das gerade für Menschen wichtig, die kognitiv nicht auf der Höhe sind und sich nicht via Vernunft einreden können, dass das für sie gut sein soll, was sie so ungern machen. Höchste Zeit, dass ein Umdenken stattfindet und Menschen keine Therapien mehr zugemutet werden, die sie nicht gerne machen. Schließlich sollen die Therapien ja etwas nützen. Oder gilt das für alte Menschen und für Menschen mit geistiger Behinderung etwa nicht?

Ob behinderten Menschen ihre Tätigkeit Spaß macht, ist wohl kaum ein Kriterium, auf das in herkömmlichen Werkstätten geachtet wird. Dabei haben die Fachleute dort eine doppelte Funktion: Sie müssen einerseits von den behinderten Beschäftigten eine gewisse Leistung verlangen, andererseits verpflichtet sie ihre Betreuungsaufgabe, den individuellen Beeinträchtigungen der Menschen Rechnung zu tragen, ihr Erleben einzubeziehen, ihre persönlichen Ressourcen zu erkennen und zu fördern. Dazu gehört auch zu beachten und zu berücksichtigen, was wem Freude macht. Dieser komplexe und sehr anspruchsvolle Aspekt der Aufgabe kommt meistens zu kurz. Fast überall liegt der Schwerpunkt viel zu einseitig auf dem Hereinholen von Aufträgen. Die müssen dann in der Regel innerhalb kurzer Zeit erledigt werden, sodass die behinderten Menschen ständig unter Druck stehen. Auch das wird mit »Normalisierung« begründet, doch es entspricht in keiner Weise dem Betreuungsauftrag einer Werkstätte für Menschen mit Behinderung. Natürlich sind dort die Menschen im Rahmen ihrer persönlichen Möglichkeiten und Grenzen zum Erbringen einer gewissen Leistung verpflichtet. Doch zugleich haben sie Anspruch auf individuelle Begleitung und Förderung. Das wird in vielen Werkstätten vernachlässigt. Umorientierung im Sinne des eigentlichen Auftrags ist da dringend geboten, und die Fachleute in den Werkstätten müssen entsprechend angeleitet und unterstützt werden.

Das Ausbalancieren beider Aspekte ist eine Gratwanderung zwischen Überforderung und Unterforderung, zwischen Achtsamkeit auf den individuellen Erlebensprozess und Leistungsanspruch. Das verlangt viel Flexibilität, Feingefühl und Klarheit. Die Befindlichkeit zu berücksichtigen bedeutet nicht, dass die Beschäftigten jeder Laune nachgeben können und nur arbeiten müssen, wenn sie Lust dazu haben. Es geht darum, dass sie *grundsätzlich* Freude haben, an dem was sie tun. Zudem sollten sie den Rahmen und die Grenzen ihrer Leistungsfähigkeit erkennen lernen und wissen, dass sie Anspruch auf Rücksichtnahme und Unterstützung haben, wenn sie an diese Grenzen stoßen. Diesen Lernprozess fördernd zu begleiten ist ein wichtiger Teil der Betreuungsaufgabe.

Um den vielen unterschiedlichen Anforderungen in allen Bereichen der Betreuung und Begleitung von Menschen mit Behinderung gerecht zu werden, müsste ein breitgefächertes, flexibles Netzwerk von Angeboten geschaffen werden, welche nicht darauf ausgerichtet sind, Menschen anzugleichen, sondern ihre unterschiedlichen existenziellen Bedingungen, Einschränkungen und Begabungen zu berücksichtigen und einzubeziehen. So könnten ihnen bestmögliche Entwicklungschancen und mehr Lebensqualität geboten werden. Ein Wunschtraum, ich weiß, der in der mir noch verbleibenden Zeit mit Sicherheit nicht in Erfüllung gehen wird.

Doch genau hier muss angesetzt werden: behinderte Menschen nicht in bestehende Systeme *ein*schließen, sondern die Systeme so *auf*schließen, dass behinderte Menschen darin Platz haben. Davon würden auch viele andere Menschen profitieren, zum Beispiel jemand, der nach einem Unfall, einem Schlaganfall oder einer längeren Krankheit zwar durchaus noch arbeitsfähig ist, aber einen etwas langsameren Rhythmus und etwas mehr Pausen braucht, oder jemand, der aus privaten Gründen oder wenn das Pensionsalter allmählich näher rückt, nach und nach etwas geruhsamer tätig sein möchte. Da braucht es flexible Möglichkeiten, damit wertvolle berufliche Erfahrung und Kompetenz nicht verschleudert wird, sondern erhalten bleibt. Das Prinzip, bis zum letzten Moment mit voller Kraft (nicht selten bis an die Grenzen der Leistungsfähigkeit) zu arbeiten, und dann aufgrund eines gesundheitlichen Problems oder mit der Pensionierung auf einen Schlag untätig zu werden, ist in jeder Hinsicht unsinnig. Individuell unterschiedliche Lösungen sind sowohl für die Qualität der Arbeit wie für die Gesundheit der Arbeitenden von Vorteil – und damit auch für die Arbeitgeber und für die Gesellschaft insgesamt.

Ein weiterer Aspekt scheint mir wichtig zu sein: Im Rahmen ihrer Möglichkeiten, auch wenn sie begrenzt sind, noch tätig sein zu können, gibt alten Menschen das Gefühl, *gebraucht zu werden*. Ein schönes Beispiel erfuhr ich im Kloster Ingenbohl. Dort gibt es eine Pilgerpforte, wo Menschen Rat und Unterstützung finden. Unter anderem bitten Gläubige darum, dass für sie oder für Angehörige in Not gebetet werde. Diese Aufgabe wird den betagten (und teilweise demenzkranken) Ordensschwestern übertragen, die im St. Josefsheim betreut und gepflegt werden. Selbst die pflegebedürftigen unter ihnen bleiben damit im Rahmen ihres Lebenszusammenhangs bis zu einem gewissen Grad »aktiv« und erleben sich immer noch als zugehöriges und nützliches Glied ihrer Gemeinschaft.

Das Prinzip der Gegenseitigkeit

Lernen ist keine Einbahnstraße. Alte Menschen können von jungen ebenso lernen wie junge von alten. Lehrende lernen von Lernenden, Eltern von ihren Kindern, Therapeuten von ihren Klienten, nicht nur umgekehrt. Die einen verfügen über Wissen und Erfahrung, die sie weitergeben wollen und sollen, aber *wie* sie es am besten vermitteln, lernen sie *von den Menschen*, an die sie es weitergeben möchten – wenn sie dazu bereit sind.

Ich hatte das Glück, dass unter meinen ersten Klientinnen, ganz zu Anfang meiner therapeutischen Tätigkeit, zwei Frauen mit geistiger Behinderung waren. Das ist mehr als dreißig Jahre her. Weder meine Ausbilder noch ich hatten damals die geringste Erfahrung mit geistig behinderten Menschen. Ich habe den Sprung ins Ungewisse gewagt und es nie bereut. Von diesen beiden Frauen habe ich unglaublich viel gelernt, nicht nur für die Arbeit mit behinderten Menschen, sondern für meine gesamte therapeutische und beratende Tätigkeit – und nicht zuletzt für mich selber.

Es war eine unschätzbare Lernerfahrung, welche ich allen wünschen würde, die in irgendeiner Weise mit

Menschen arbeiten. Von wem ließe sich Einfühlung in das »Andere«, vielleicht Befremdliche und nicht immer leicht Nachvollziehbare im anderen Menschen besser lernen als von Menschen mit geistiger Behinderung? Deren eigenwillige, bisweilen etwas skurrile Art und Weise, die Dinge zu sehen und anzugehen, erschließt uns Einsichten in ungewohnte, oft verblüffende Sichtweisen. »So kann man es auch sehen« ist ein sehr nützlicher Leitsatz für den Umgang mit Menschen, die in irgendeiner Weise »anders« sind. Und auf irgendeine Weise ist jeder und jede von uns anders als alle anderen.

Ob es uns bewusst ist oder nicht, Lernprozesse beruhen immer auf Gegenseitigkeit. Das gilt auch und ganz besonders für den Umgang mit behinderten Menschen. Natürlich brauchen Fachleute ihr Wissen und ihre Methoden, um die Menschen, die sie betreuen, bestmöglich unterstützen zu können. Doch w*ie* sie dieses Fachwissen sinnvoll anwenden, *welche* der gelernten Methoden geeignet sind und *welche nicht*, um *dieser* Person Lebensqualität, Entwicklung und Wohlbefinden zu ermöglichen, das können sie *nur von ihr selber* erfahren. Es ist bei jedem Menschen anders. Deshalb müssen Betreuerinnen und Betreuer die ganz unterschiedlichen verbalen und nonverbalen Hinweise der betroffenen Menschen sensibel und verständnisvoll wahrnehmen und ihr Handeln darauf abstimmen – *darin* besteht ihre Fachkompetenz, nicht in der irrigen Meinung zu wissen, was für alte, behinderte oder auch für kranke Menschen gut ist.

Andreas Fröhlich spricht mir aus dem Herzen, wenn er sich »gegen die Monotonie des sozialpädagogischen

Weltbildes« wehrt und feststellt: »In unserem heilpä-
dagogisch – sozialen Berufsfeld dominieren bestimmte Wertvorstellungen, bestimmte Lebensentwürfe und
symmetrisch dazu bestimmte Ablehnungen. Den meisten ist dies nur gelegentlich bewusst, manchen nie ...
Meist herrscht ganz selbstverständlich ein ›Diktat
der Gruppe‹. Möglichst alles soll gemeinsam getan
und erlebt werden und das soll dann auch noch erfreulich sein. Einzelgängertum, Zurückgezogenheit, individuelle Sichtweisen gelten als wenig erwünscht.«
(siehe oben)

Solche Besserwisserei herrscht nicht nur in Einrichtungen für behinderte Menschen. Ein erschreckendes
Beispiel hat Frau P erlebt, die wegen ihrer zunehmenden Sehschwäche über den Umzug in ein Altersheim
nachdenkt. Es ist ihr wichtig, auch dort weiterhin den
Kontakt zu einigen langjährigen guten Bekannten pflegen und sie bei sich zu Besuch haben zu können, deshalb sucht sie ein etwas größeres Zimmer, das dafür
genügend Platz bietet. In einem der Heime, die sie be-
sichtigte und dieses Anliegen vorbrachte, bekam sie zur
Antwort: »Persönliche Bekanntschaften interessieren
uns nicht, hier geht es um die Gemeinschaft.« Eine geradezu unglaubliche und absolut unzulässige Bevor-
mundung. Selbstverständlich muss eine Einrichtung für
alte Menschen ihren Bewohnerinnen und Bewohnern
ermöglichen, sich als Gemeinschaft zu erleben. Doch
genauso muss sie akzeptieren, dass manche das nicht
wollen, dass sie lieber für sich allein bleiben und ihre
bestehenden Beziehungen weiterhin pflegen wollen.
Keine Einrichtung hat das Recht, das zu unterbinden

oder als unerwünscht abzustempeln, weil es nicht in ihre Doktrin von Gemeinschaft passt. Im Gegenteil, es ist ihre Pflicht, solche Wünsche zu respektieren und zu unterstützen.

DAS PRINZIP der Gegenseitigkeit beinhaltet, dass Aufnahme und Einbezug in beiden Richtungen möglich sind, also auch den umgekehrten Weg nehmen können. *Inklusion andersherum* sozusagen. Die sonderpädagogische Martin Boos-Schule in Gallneukirchen, Oberösterreich, hat vor einigen Jahren diesen Weg gewählt. Anstatt ihre Pforten zu schließen und die Kinder in die Regelschule zu entlassen, wurde die Schule für nicht behinderte Kinder geöffnet. Die Erfahrungen sind durchwegs positiv. Mit jedem neuen Schuljahr nehmen die Anmeldungen von nicht behinderten Kindern zu. Offenbar erkennen immer mehr Eltern, dass diese Schule ihren Kindern etwas bietet, das sie in der Regelschule nicht bekommen: einen Unterricht, der ihre persönlichen Stärken und Schwächen mit einbezieht und ihr individuelles Lerntempo berücksichtigt. So kann jedes Kind optimal gefördert werden. Davon profitieren alle, ob behindert oder nicht behindert. Auch »normale« Schüler haben unterschiedliche Stärken und Schwächen und lernen unterschiedlich schnell. Die individuell auf seinen Wissensstand, seine spezifischen Fähigkeiten und Schwierigkeiten abgestimmten persönlichen Arbeitspläne, die jedes Kind bekommt, verschaffen allen die bestmöglichen Lernbedingungen.

Ich habe diese Schule besucht und war sehr beeindruckt. Es gibt dort sowohl Integrationsklassen wie kleinere Einheiten für sehr schwer und/oder mehrfach behinderte Kinder, die massiv auf Unterstützung angewiesen sind und in einer Integrationsklasse untergehen würden. In den Integrationsklassen werden 20–25 behinderte und nicht behinderte Kinder gemeinsam unterrichtet. Bei einigen Kindern war offensichtlich, zu welcher Gruppe sie gehören. Bei anderen war das nicht auf den ersten Blick zu erkennen. Ein Junge zum Beispiel, den man leicht hätte für behindert halten können, war lediglich stark übergewichtig, ein bisschen langsam und kam aus einem bildungsfernen Milieu. Andere brauchten ganz offensichtlich zusätzliche Unterstützung durch Einzelbetreuung, wieder andere waren Schülerinnen und Schüler, wie es sie in allen Schulen gibt. Was mir anders erschien als in den meisten Schulen, die ich kenne, war die Stimmung im ganzen Haus, die von einer wohltuenden Ruhe und Gelassenheit geprägt war. Dabei machten die Kinder keineswegs einen gedrückten Eindruck, sondern wirkten lebhaft und aufgeweckt.

Nach wie vor gibt es kleine Gruppen mit 4–6 sehr schwer oder mehrfach behinderten Kindern, die im größeren Verband überfordert wären. Ich war erschüttert, aus nächster Nähe zu sehen, wie sehr diese Kinder beeinträchtigt sind, wie viel Mühe sie die kleinste Reaktion, der kleinste Schritt kostet, und wie sie dank intensiver persönlicher Betreuung trotzdem das eine oder andere aufnehmen und sich aneignen können und ein wenig Gemeinschaft und Austausch erleben, selbst wenn das nur in sehr bescheidenem Maß möglich ist.

Sie profitieren von der Haltung der Akzeptanz und

des gegenseitigen Respekts, die dieses Haus prägt. Behinderte und nicht behinderte Kinder begegnen einander in den Gängen, im Aufzug, in den Garderoben, im Speisesaal. Es ist ein selbstverständliches Miteinander, das dem »Anderssein« Raum lässt. Alle gehören dazu, ob sie nun einer Integrationsklasse oder einer der speziell betreuten kleinen Gruppen zugeteilt sind. Vom einen zum anderen zu wechseln ist möglich und kommt gelegentlich vor – in beiden Richtungen. Hans zum Beispiel war von der 1. bis 4. Klasse in einer Integrationsklasse, in der fünften war er überfordert und unglücklich. Er wechselte in eine auf das Erlernen von praktischen Fertigkeiten ausgerichtete Kleingruppe. Dort geht es ihm gut.

Die Tatsache, im selben Schulhaus zu sein, trägt viel dazu bei, dass Toleranz und Verständnis heranreifen und alle Kinder Teilnehmen und Aufgenommensein erleben können, auch wenn sie unterschiedlichen Gruppierungen angehören. Das kann genauso gut in einer Sonderschule geschehen, die über die erforderliche Infrastruktur für schwer oder mehrfach behinderte Kinder verfügt. Es ist ein Gewinn für beide Schulformen, wenn die Rollen des Aufnehmens und des Aufgenommenwerdens nicht einseitig verteilt sind, sondern sowohl Sonderschulen wie die Regelschulen zu denen gehören, welche die jeweils »anderen« aufnehmen.

Es ist absurd zu meinen, sehr schwer behinderte Kinder, für die nicht einmal die Integrationsklassen einer Sonderschule geeignete Bedingungen bieten, ließen sich in eine Regelschule eingliedern. Anstatt »Inklusion« nur in einer Richtung anzustreben, müssten beide

Schulformen geöffnet werden: die Sonderschulen für »normale« Schüler, die Regelschulen für diejenigen Kinder mit Behinderung, die dort profitieren und aufblühen können. Neben den Integrationsklassen muss es weiterhin Angebote geben, die speziell auf die Bedürfnisse von schwer und mehrfach behinderten Kindern zugeschnitten sind. Nischen, in denen sich die entfalten und wohlfühlen können, welche in einem größeren Verband untergehen würden. Es wäre eine geradezu wahnwitzige Verschwendung, auf die (zum Teil hervorragende) Infrastruktur der Sonderschulen zu verzichten, die wesentlich mehr Teilnahmemöglichkeiten für schwer und mehrfach behinderte Kinder bieten (in Gallneukirchen z.B. das mit speziellen Hilfsvorrichtungen versehene Schwimmbad u.a.m.). Diese Infrastruktur, die sich je nach Bedarf auf ganz verschiedene Weise nutzen lässt, kommt nicht nur den behinderten, sondern allen Kindern zugute.

Es braucht weiterhin beide Optionen. Wenn tatsächlich sämtliche Sonderschulen aufgehoben werden, wie das in Österreich geplant ist, fallen viele schwer und mehrfach behinderte Kinder durchs Netz und laufen Gefahr, früher oder später in der Psychiatrie oder in einem Pflegeheim zu landen. Ist das der Sinn von »Inklusion« und »Teilhabe«? Wohl kaum!

Für den Besuch der Martin Boos-Schule Schule war ich einen Tag früher zum Netzwerktreffen in Linz angereist. Da ich nicht genau wusste, wie viel Zeit man dort für mich haben würde, hatte ich den Vormittag dafür eingeplant und mir für den Nachmittag nichts weiter vorgenommen. Das Gespräch mit der Schulleiterin entwickelte sich dann so anregend und interessant (offenbar für beide Seiten), dass sie mich zum Mittagessen dabehielt, um es am Nachmittag fortzusetzen. Gegen Abend fuhr sie mich sogar noch nach Linz zurück. Es war schön zu erleben, dass man in dieser Schule offensichtlich an meinem Besuch interessiert war und sich darüber freute.

Gegenseitiges Interesse ist eine entscheidende Voraussetzung für ein lebendiges, offenes und für alle Beteiligten ergiebiges Gespräch. Das wurde mir noch einmal in aller Deutlichkeit bewusst, als ich kurz danach mit einer anderen Schule die gegenteilige Erfahrung machte. Die Verantwortlichen dort reagierten so herablassend auf meine Anfrage, als würden sie mir damit eine Gunst erweisen und müssten erst überprüfen, ob ich dessen überhaupt würdig sei. Sie wollten erst einmal genau wissen, welche Fragen ich ihnen stellen würde, um sich gegebenenfalls vorbereiten zu können. Dazu hatte ich keine Lust. Ich war weder an einem Frage-Antwort-Spiel noch an einer vorbereiteten Präsentation interessiert, sondern daran, dass sich bei unserer Begegnung ein lebendiges Gespräch über ihre bisherigen Erfahrungen entwickeln würde. Ich verzichtete. Offensichtlich bestand von ihrer Seite kein Interesse an einer Begegnung. Es stellt sich unwillkürlich die Frage, wie sie in dieser Schule wohl mit behinderten Menschen umgehen, wenn potentielle Besucher derart geringschätzig abgefertigt werden.

Im Nachhinein erfuhr ich von einem Kollegen, der die Verhältnisse dort kennt, dass die Schule mit Besuchsanfragen überrannt wird und die Verantwortlichen wohl davon etwas genervt seien. Warum haben sie mir das nicht genauso gesagt? Das hätte ich sehr gut verstanden und selbstverständlich akzeptiert. Einmal mehr zeigt sich, wie entscheidend *Kongruenz* im zwischenmenschlichen Umgang ist. Ein negativer Bescheid lässt sich viel leichter verkraften, wenn er wahrheitsgemäß – also kongruent – begründet wird. Die herablassende Art hingegen, mit der auf mein Anliegen reagiert wurde, empfand ich als anmaßend. Ich verstehe seither noch viel besser, warum behinderte Menschen so irritiert auf Inkongruenz reagieren, oft mit »herausforderndem Verhalten«, wie das Umfeld meint »ohne jeden Anlass«. Es verkennt, dass Menschen mit geistiger Behinderung ein feines Gespür für Inkongruenz haben und auf ihre Weise darauf reagieren. Einmal so deutlich an mir selber zu erleben, wie herabsetzend Inkongruenz sich auswirkt, hat meine Überzeugung untermauert, dass Kongruenz unerlässlich ist, damit der andere Mensch sich ernst genommen fühlen kann. Diese Erfahrung hat den nicht zustande gekommenen Besuch durchaus wettgemacht.

Beziehung kann nur entstehen, wenn wir uns für das Gegenüber wirklich interessieren. Das darf man im Umgang mit alten Menschen nicht vergessen. Ich spüre sehr genau, ob jemand sich nur verpflichtet fühlt, mir »etwas Gutes zu tun« (jetzt, da ich alt und wacklig geworden bin, kommt das manchmal vor) oder selber an der Begegnung mit mir interessiert ist.

Pflegepersonen sollten sich das hinter die Ohren schreiben. Ich erinnere mich sehr gut, wie oft mir bei Besuchen in Pflegeheimen auffiel, dass die Pflegepersonen »jaja« sagen, ohne hinzuhören auf das, was ihnen die alten Menschen sagen wollen. Es interessiert sie nicht oder sie tun es von vorneherein als wirr ab. Zwar ist es verständlich, dass sie sich nicht mit allem eingehend beschäftigen können, was ihnen die Bewohnerinnen und Bewohner erzählen. Doch für die kurze Zeitspanne, in der sie mit einem Menschen zusammen sind, sollten sie ihm mit aufmerksamem Interesse begegnen. Das gehört zu ihrer Aufgabe und zu ihrer Fachkompetenz. Auf diese Weise können sie sehr viel über die betreffende Person erfahren und darüber, was sie im Umgang mit ihr besser machen können und was sie lieber vermeiden sollten.

Mit meinem ältesten Enkel bin ich auch deshalb so gern zusammen, weil ich spüre, dass ihn unsere Gespräche wirklich interessieren und er sich nicht nur verpflichtet fühlt, seine alte Großmutter wieder einmal zu sehen.

Ich bin sicher, dass behinderte Menschen ebenfalls sehr sensibel wahrnehmen, ob ihr Gegenüber echtes Interesse für sie hat oder nicht. Wer mit ihnen in Beziehung treten will, muss sich wirklich für sie interessieren, für ihre Sichtweise, für ihre Gefühle, ihre Freuden, ihre Kümmernisse und Nöte. Nur dann wird es gelingen, sie zu verstehen und die Begegnung mit ihnen als gegenseitiges Geben und Nehmen zu erfahren.

INTEGRATION IST ebenfalls ein gegenseitiger Prozess, der nur gelingen kann, wenn beide Seiten bereit sind, etwas voneinander aufzunehmen. In unseren Breiten ist das bisher vorwiegend in kulinarischer Hinsicht der Fall.

Längst dominiert die italienische Küche unsere Speisekarten, in der Schweiz begann das schon in der Zwischenkriegszeit, in Deutschland mit den ersten italienischen »Fremdarbeitern« nach dem Zweiten Weltkrieg. Inzwischen ist auch der »Döner« – vor allem bei Jugendlichen – sehr verbreitet und höchst beliebt, ebenso »Thai Food« und andere asiatische Speisen. Mit dem Übernehmen von Essgewohnheiten ist es natürlich nicht getan, doch vielleicht merkt man daran, dass nicht alles schlecht ist, was von anderswo kommt. Das kann ein erster Schritt zur Öffnung sein über die Speisekarte hinaus.

Menschen italienischer Abstammung werden inzwischen im nördlicheren Europa längst nicht mehr als »Fremde« angesehen. Die Vorurteile und Vorbehalte haben sich auf andere Menschengruppen verlagert: Schwarze, Muslime, Sinti und Roma zum Beispiel. Da braucht es noch sehr viel Bereitschaft zu Toleranz und *gegenseitigem* Lernen. Nicht alles ist schlecht, was in anderen Kulturen üblich ist, und nicht alles ist gut, was in unserer Kultur als das einzig Richtige betrachtet wird. »Es gibt nicht nur (m)eine Realität«, lautet einer der »Sieben Grundsätze für den Umgang mit alten Menschen«, in meinem Buch *Alt sein ist anders*. Das trifft keineswegs nur auf alte Menschen zu, sondern gilt ganz grundsätzlich. Andreas Fröhlich plädiert »mit Leidenschaft« (wie er selber sagt) dafür, »die eigene Welt nicht für ›die Welt‹ zu halten.« Er meint, wir sollten uns »umschauen, über unser eigenes Berufsfeld hinaus, und wir werden sehr schnell erkennen, wie eng die Grenzen unserer eigenen Akzeptanz gegenüber menschlicher Vielfalt tatsächlich sind: gegenüber streng religiösen Menschen, gegenüber Menschen mit anderen Essgewohnheiten, gegenüber Menschen mit anderen Kulturtraditionen, gegenüber Menschen, die andere Bücher lesen oder gar keine, gegenüber Menschen, die die falschen Kleider tragen oder seltsame Musik hören. Kurzum immer gegenüber Menschen, die einfach nicht so sind wie wir.« (siehe oben)

Eltern lernen von ihren Kindern, Lehrer von ihren Schülern genauso wie umgekehrt, ob sie es wahrhaben wollen oder nicht. Natürlich haben Erwachsene Wissen und Erfahrung weiterzugeben und Lehrende verfügen über Methoden, um Wissen zu vermitteln. Doch sie können nicht im Voraus wissen, *wie* ein Kind das aufnehmen kann, was sie ihm vermitteln wollen. Das erfahren sie nur von ihm selber, denn es ist bei jedem wieder etwas anders. Wenn Erwachsene und Lehrende offen sind für dieses *wie* und die individuell unterschiedlichen Lernweisen der Kinder bestmöglich berücksichtigen, werden sie immer wieder neue, manchmal verblüffende Möglichkeiten entdecken, wie sie ihr Wissen vermitteln und ihre Methoden einsetzen können. So erweitert das Vermitteln von Wissen und Erfahrung zugleich den eigenen Horizont.

Ich war immer der Meinung, dass ich von meinen Kindern mehr lernte als sie von mir, obwohl sie das vermutlich nicht so empfunden haben. Vielleicht, weil es damals vor allem meiner Unsicherheit zuzuschreiben war und nicht so sehr der Offenheit für das »andere«, die mir später so wichtig geworden ist.

Sehr bewusst genieße ich es jetzt, die Entwicklung

meiner jüngsten Enkelin zu beobachten, auch wenn ich sie leider nicht so oft sehe. Ich staune jedes Mal über die neuen Lernschritte, die sie auf ihre ganz eigene Weise macht. Besonders fasziniert mich, wie sie mit anderthalb Jahren schrittweise die Sprache entdeckt. Wie alle kleinen Kinder zieht sie gern Bücher aus dem Regal. Als sie neulich bei mir das Telefonbuch erwischt hat, stellte es mein Sohn ins Regal zurück und sagte, das sei das Telefonbuch. Fortan sagte sie bei jedem Buch, das sie herausgriff: Telefon. Offenbar hatte sie aus der Bemerkung ihres Vaters geschlossen, dass Bücher ohne Bilder Telefonbuch heißen. Vierzehn Tage später hat sie bereits dazugelernt. Wieder zieht sie Bücher aus dem Regal und blättert darin. Doch jetzt sagt sie: »Alles gschribe, alles gschribe« (alles geschrieben). Wieder und wieder blättert sie begeistert und wiederholt: »Alles gschribe!« Für die Bilderbücher, die ich ihr zeigen will, hat sie im Moment kein Interesse. Was fasziniert sie wohl an diesem »alles geschrieben«, das sie nicht entziffern kann? Ich staune, wie dieses kleine Mädchen die Worte, die es aufschnappt, auf ganz eigene Weise versteht und benutzt. Es ist sehr beglückend zu sehen, wie es heranwächst und immer wieder ein neues Stück Welt für sich entdeckt – oder sollte ich besser sagen: sich erschafft?

Als unsere Tochter noch ganz klein war, hat der französische Dichter André Frénaud, mit dem wir befreundet waren, nach einem Besuch bei uns ein Gedicht geschrieben: »La création du monde par Milena.« (*Depuis toujours déjà*, 1970, Gallimard, Paris) Diese ungewohnte und sehr schöne Sichtweise, dass ein heranwachsendes Kind die Welt nicht nur entdeckt, sondern sie sich zugleich Schritt für Schritt neu erschafft, hat mich damals überrascht und berührt. Ich glaube, der Dichter hat in diesem Gedicht etwas sehr Wahres zum Ausdruck gebracht.

Erkenntnisse der neueren Hirnforschung besagen, dass jeder Mensch die Welt anders wahrnimmt und das Wahrgenommene erst in unserem Hirn für uns Gestalt annimmt. Die sieht bei jedem Menschen *etwas* anders aus und bei behinderten Menschen manchmal eben *sehr* anders. Vor allem von Menschen mit autistischen Störungen wissen wir, dass sie sich und ihr Umfeld oft ganz anders wahrnehmen und erleben, als wir uns das vorstellen. Zum Beispiel so: »Als ich zwei Jahre alt war und schon im Hofhaus wohnte, verloren die Menschen um mich herum ihr Aussehen. Ihre Augen lösten sich in Luft auf. Nebel verschleierte ihre Gesichter. Die Stimmen verdunsteten. Mit der Zeit verwandelten sich die Menschen um mich herum in flatterhafte Schatten, die auf mich wirkten, als wären sie aus dem All in meine Welt herabgeschneit,« und: »Die pfützenhaften Gesichter dieser Wesen dampften wie nach einem Regen und ihren Mündern entwich Lärm, aus dem ich weder Klang noch Bedeutung heraushören konnte. In mir kehrte Stille ein. Ich verlor den Drang, meine Welt mit anderen zu teilen … Ich war mir selbst genug. Erst ein Jahr später hörte ich zum ersten Mal wieder aus dem Lärm, den Buntschatten Sprache nennen, Klang und Bedeutung heraus«, schreibt Axel Braun in seinem Buch *Buntschatten und Fledermäuse* (2002, Hoffmann & Campe, Hamburg). Sein Bericht trägt den bezeichnenden Untertitel: »Leben in einer anderen Welt«. Und er sagt von sich: »Ich gehöre zu den leichten Fällen und habe großes Glück gehabt.«

Wir haben großes Glück, dass Menschen wie Axel Braun ihr autistisches Erleben derart eindrücklich beschreiben können und uns damit eine Brücke in ihre andere Welt bauen. Auf diese Weise helfen sie uns, ebenfalls Brücken zu bauen: Brücken des Verstehens zu denen, die weniger Glück haben und schwerer beeinträchtigt sind. Selbstverständlich lässt sich Brauns Beispiel nicht eins zu eins auf andere Menschen übertragen. Jeder Mensch erlebt anders, das gilt auch für Menschen mit autistischen Prägungen. Und die wenigsten können uns mitteilen, wie es für sie ist. Doch allein schon anzuerkennen, dass ihre Wahrnehmung eine andere ist und die Welt für sie anders aussieht, als wir es gewohnt sind, dass ihr Verhalten in ihrem Lebenszusammenhang einen Sinn hat, auch wenn wir ihn nicht entschlüsseln können, ist ein entscheidender Unterschied, der für die betroffenen Menschen mit Sicherheit spürbar ist.

»Ich denke in Bildern. Worte sind für mich wie eine Fremdsprache, in die ich meine Bilder übersetze«, schreibt Temple Grandin, eine Frau mit Autismus, die das Glück hatte, dass ihre Eltern sie, gegen den Rat der Ärzte, mit zwei Jahren nicht in ein Heim für behinderte Kinder gaben, sondern ihr die bestmögliche Förderung boten. Sie ist heute Universitätsdozentin und *die* führende amerikanische Spezialistin für die Gestaltung von Anlagen für Viehhaltung. *Ich sehe die Welt wie ein frohes Tier* (München 2005, Ullstein) lautet der deutsche Titel eines ihrer Bücher, und diese, ihre ganz eigene *andere* Wahrnehmungsweise, hat es ihr ermöglicht, die Perspektive der Tiere so nachzuvollziehen, dass sie in der Lage war, praktikablere und zugleich wesentlich tierfreundlichere Anlagen zu gestalten. Das ist ein eindrucksvolles Beispiel dafür, dass eine andere Wahrnehmung nicht nur eine Behinderung sein muss, sondern einem Menschen ermöglichen kann, Problemlösungen zu finden, auf die jemand mit einer »normalen« Wahrnehmung nie gekommen wäre.

Sicher, das sind zwei Ausnahmefälle, die sich nicht verallgemeinern lassen. Doch sie öffnen uns die Augen dafür, dass »behinderte« Sichtweisen Ressourcen bergen, aus denen wir etwas lernen können. Ressourcen, die genutzt werden sollten, um die Lebensqualität und das Wohlbefinden der betroffenen Menschen zu verbessern, sei es in kleinen Dingen des täglichen Lebens, sei es in einer befriedigenden Tätigkeit, bei der sie ihre ganz spezifischen Gaben einsetzen können. Solche Ressourcen zu entdecken, zu fördern und den Menschen behilflich zu sein, sie nutzen zu können, ist eine zentrale Aufgabe sinnvoller Betreuung und Begleitung. Jede »andere« Sicht auf die Welt um uns herum eröffnet einen anderen Blickwinkel auf Altbekanntes und erschließt uns neue Perspektiven. Wir können von behinderten Menschen, von Kindern, von alten Menschen, von Fremden sehr viel lernen – wenn wir dazu bereit sind.

Eine Sozialpädagogin, die viele Jahre als Lehrerin an einer Schule für Heilerziehungspflege tätig war, ist vor kurzem wieder in die Praxis zurückgekehrt und arbeitet in einem Heim, in dem auch einige ihrer ehemaligen

Schüler arbeiten. Sie schreibt, sie könne jetzt auch von ihnen lernen, ebenso wie von den Bewohnerinnen und Bewohnern, und dieses gegenseitige voneinander Lernen sei eine sehr schöne Erfahrung.

Wir sollten uns bewusst werden, in wie vielen Lebensbereichen es auf Gegenseitigkeit ankommt, und vermehrt darauf achten. Ein vorbildliches Beispiel und ein wahrer Glücksfall für mich ist meine Yogalehrerin. Dass sie ursprünglich Pflegefachfrau war und zehn Jahre in einer Orthopädischen Klinik gearbeitet hat, wusste ich nicht, als ich vor einigen Jahren auf der Suche nach einer mir zusagenden Yogaschule war und mich für sie entschied. Ich wusste damals auch nicht, wie sehr mir das eines Tages zugute kommen würde. Ob mich da wieder der Instinkt geleitet hat?

Es ist gar nicht so einfach, die passende Yogaschule zu finden. Seit der Jahrtausendwende ist ein wahrer (und teilweise äußerst fragwürdiger) Yogaboom ausgebrochen, überall schießen Yogaschulen verschiedenster Richtungen – seriöse und weniger seriöse – wie Pilze aus dem Boden. Da muss man schon genau hinschauen. Ich wollte nicht zu einem selbsternannten »Guru«, sondern zu einer seriös ausgebildeten Lehrperson, die keine esoterischen Heilslehren verkündet. Ich betrachte Yoga weder als Religionsersatz noch als Leistungssport, sondern als eine ganzheitliche Körperschulung, die sich zugleich wohltuend, belebend und stärkend auf Geist und Seele auswirkt. Aufgrund meiner Recherchen kamen damals zwei Yogaschulen in die engere Wahl. Ausschlaggebend waren schließlich praktische Gründe: günstige Kurszeiten, Bahnhofsnähe. Die Entscheidung für diese Lehrerin erwies sich als ungeahnter Glücksfall.

Schon nach der Schulteroperation war es außerordentlich hilfreich, dass sie sich in orthopädischen Belangen bestens auskennt. Sie konnte mir genau sagen, auf was ich achten musste und welche Übungen ich besser weglassen sollte. In Anbetracht der Schwere meines Rückenschadens war das buchstäblich meine Rettung. Sogar der Hausarzt, der eigentlich Physiotherapie empfohlen hatte, meinte: »Ihre Yogalehrerin hat Sie gerettet!«

Ungeachtet ihrer fundierten Fachkenntnisse findet sie, es sei auch für sie ein äußerst spannender Lernprozess. Ohne den Ansatz zu kennen, arbeitet sie im wahrsten Sinne des Wortes personzentriert. Wir suchen den Weg gemeinsam, sie mit ihrem Fachwissen, ich mit meinem Körpergefühl. Erneut zeigt sich: Das *Wie* ist bei jedem Menschen etwas anders. Dadurch, dass die Lehrerin so offen ist für persönliche Unterschiede und für meine Ideen, finden wir gemeinsam den besten Weg. Wie gesagt, ein Glücksfall, der meine Lebensqualität erheblich verbessert.

Nach dem Einschnitt

Das Leben hat sich neu eingependelt nach dem katastrophalen Sommer, es ist anders als zuvor, unwägbarer. Doch nach wie vor beschert es mir intensive Erfahrungen, kostbare Einsichten und immer wieder Glücksmomente. Erneut haben sich gewohnte Bahnen eingespurt, langsamere, vorsichtigere.

Ich nehme mir weniger vor, sowohl für den Tag, wie für die Woche, wie im Verlauf des Jahres. Die beruflichen Aktivitäten – abgesehen vom Schreiben – habe ich stark eingeschränkt. Ganz missen möchte ich sie nicht – noch nicht. Beruflich tätig zu sein kostet nicht nur Energie, es erzeugt sie auch. Aber ich plane anders als bisher, überlege mir gut, wo ich zusage und wo nicht. Ich achte darauf, nicht kurz hintereinander an mehreren Anlässen teilzunehmen, sondern genügend Pausen dazwischen zu lassen. Das bedeutet, auch mal auf das eine oder andere zu verzichten, selbst wenn es noch so verlockend wäre.

Das gilt genauso für den persönlichen Bereich. Wenn ich abends irgendwohin gehe, nehme ich mir für den Nachmittag nicht auch noch etwas vor. Wenn ich einen

Arzttermin habe, nehme ich für denselben Vormittag keine anderen Verabredungen wahr. Nach der wöchentlichen Yogastunde am frühen Nachmittag treffe ich nicht noch jemanden zum Kaffee, sondern gehe nach Hause und ruhe mich aus. Und zwischendurch brauche ich immer wieder Tage, an denen gar nichts los ist. Ich finde es wunderbar, morgens aufzuwachen und erleichtert festzustellen: Heute muss ich gar nichts. Doch an einem anderen Morgen freut es mich genauso zu wissen: Heute muss ich einen Vortrag halten, eine Weiterbildung durchführen, oder auch: Heute bin ich zum Mittagessen verabredet.

Wenn ich eine Verpflichtung außer Haus habe, muss ich mich natürlich morgens etwas mehr beeilen und vorsichtshalber den Wecker stellen, obwohl ich möglichst nichts vor zehn Uhr abmache oder nur ausnahmsweise, wenn es gar nicht anders geht. Solange es nicht zu oft vorkommt, ist das (noch) kein Problem.

Mit zunehmendem Alter wird es immer wichtiger, klare Prioritäten zu setzen und sich nicht mit Nebensächlichem zu verschleißen, nur weil man es so gewohnt ist oder meint, es müsse so sein. Ich brauche beides: Tage ohne Verpflichtungen und Tage mit Verpflichtungen. Für beides muss Raum sein. Es geht dabei, wie in vielem anderen, darum, die richtige Balance zu finden.

Zu den beglückenden – und unverhofften – Erfahrungen dieser Jahre gehört, dass, entgegen der gängigen Meinung, immer noch neue Freundschaften entstehen oder dass früher lockere Bekanntschaften sich bei einer erneuten Begegnung vertiefen und intensiveren.

Das habe ich in den letzten Jahren mehr als einmal erlebt.

Als ich letztes Jahr im Ruhrgebiet eine Lesung hatte, besuchte ich auf dem Rückweg zum Flughafen ein Ehepaar, das ich zuvor ein- oder zweimal im beruflichen Rahmen getroffen hatte. Wir hatten uns damals gut verstanden, kannten uns aber bisher nicht näher. Jetzt entwickelte sich im Laufe unseres Zusammenseins ein so intensives und vertrautes Gespräch, dass ich das Gefühl hatte: Mit diesen beiden Menschen bahnt sich eine Freundschaft an – und gleichzeitig dachte: Vielleicht sehen wir uns zum letzten Mal. Denn ob ich noch einmal in diese Gegend komme, ist mehr als ungewiss.

In verschiedenen Ländern Freunde zu haben, ist eine große Bereicherung. Doch heute, da mir das Reisen mühsam geworden ist, werden zu meinem Bedauern wegen der großen Entfernungen die Begegnungen seltener. Sicher, manchmal kommen Freunde aus Norddeutschland, aus Belgien oder aus Tschechien mich hier besuchen, doch das ist nicht oft möglich.

Umso schöner, dass ich sogar in der Nachbarschaft neue Freunde gewonnen habe, mit denen ich mich hin und wieder treffe. Kennengelernt haben wir uns nicht in Zürich, sondern im nahen Bregenzer Wald, wo wir vor ein paar Jahren dasselbe Musikfestival besucht hatten und darüber ins Gespräch kamen. Damals wohnte ich im Nachbarkanton und hatte noch keine Ahnung, dass ich bald wieder in mein altes Stadtviertel ziehen würde.

Manchmal melden sich alte Bekannte plötzlich wieder und wir vereinbaren ein Wiedersehen. Ob langjährige oder neue Freunde, die Treffen finden eher sporadisch statt. Doch es braucht gar nicht mehr. Wie so manches andere erlebe ich solche Begegnungen intensiver als in jüngeren Jahren, und sie klingen lange nach. Zwischendurch bin ich viel allein und brauche das auch. Einsam fühle ich mich nie.

SELTSAM WIE die Erinnerung spielt. Manche Erinnerungen bleiben mir als Bild haften. Wenn ich an den Besuch im Ruhrgebiet zurückdenke, sehe ich den Blick aus dem Wohnzimmerfenster auf den wunderbaren in satten Grüntönen schimmernden Garten mit den prächtigen Bäumen und dem Naturteich – ein sorgfältig gehegtes Stück Natur. Dieses Bild spiegelt meine Erinnerung an eine intensive freundschaftliche, aber leider vermutlich einmalige Begegnung mit den Menschen dort und hält sie in lebendiger Weise wach.

Manchmal stehen mir Erinnerungsbilder vor Augen, von denen ich nicht mehr weiß, worauf sie sich beziehen. Da ist zum Beispiel diese Gebäudereihe an einer Straßenbiegung gegenüber einer Straßenbahnhaltestelle – ich habe keine Ahnung, wo das war und was ich dort vorhatte. Aber dass ich an dieser Haltestelle auf eine Straßenbahn wartete, die stadtauswärts fuhr, weiß ich noch genau, das spüre ich geradezu körperlich. Doch in welcher Stadt war das? Der Architektur nach könnte es Wien oder Prag gewesen sein, vielleicht war es anderswo, der Zusammenhang ist mir völlig entfallen. Warum nur hat sich gerade dieses Bild dauerhaft eingeprägt? Vielleicht fällt es mir eines Tages wieder ein, vielleicht auch nicht. Eigentlich spielt es keine Rolle. So oder so gehört das Bild zu mir und hat etwas mit meinem Leben zu tun. Das Bild selbst ist die Erinnerung, ich schaue es gerne an und habe ein gutes Gefühl dabei. Mehr muss ich gar nicht wissen.

Andere Erinnerungen bestehen aus einem Satz, den jemand gesagt hat. Den Wortlaut weiß ich noch genau, sogar wer es gesagt hat, aber wann, wo und in welchem Zusammenhang – davon ist nicht der blasseste Schimmer zurückgeblieben.

Wenn ich einen Namen nicht mehr weiß, fällt mir oft nur seine Lautfolge ein. Zum Beispiel lernte ich bei einem Anlass in einem der Läden unten im Haus eine Frau kennen, die sich mit Silvia vorstellte. Als ich sie nach einiger Zeit wieder traf, fiel mir nur der Name Lydia ein. Ich wusste genau, dass er nicht stimmte, und musste sie erneut nach ihrem Namen fragen. Und als mir neulich der Name einer Konditorei in der Nähe, der mir seit Jahren geläufig ist, nicht einfiel, ging mir durch den Kopf: »Ich muss nachher noch zum Reinhart.« Mir war sofort klar, dass das falsch war, doch ich musste eine ganze Weile nachdenken, bis mir wieder einfiel: Freytag heißt die Bäckerei. Immerhin bildet die Lautfolge so etwas wie eine Eselsbrücke, mit deren Hilfe sich Gedächtnislücken (manchmal) überwinden lassen.

Überrascht hat mich eine Entdeckung, die ich in den Yogastunden immer wieder mache: Der Körper erinnert sich an manche Übungen, die ich früher mal gut beherrscht habe und kann sie problemlos abrufen. Selbst schwierige Stellungen gelingen mir – nicht immer, aber sehr oft – ohne große Anstrengung, wenn ich sie von früher kenne. Hingegen schaffe ich sehr viel leichtere, die für mich neu sind, manchmal nur mit Mühe oder gar nicht. Diese Erkenntnis hilft mir zu wissen, welche Übungen am besten geeignet sind, um meinen Körper möglichst lange fit halten.

Solche Körpererinnerungen sollten bei der Betreuung von alten Menschen viel mehr mit einbezogen werden. Mit anderen Worten: kein einheitliches Altersturnen, sondern individuell angepasste Programme. Das würde vielleicht ein bisschen mehr Mühe kosten, wäre aber erfolgversprechender und für alle Beteiligten wesentlich befriedigender.

EINE MARKANTE und lästige Veränderung ist die zunehmende Verlangsamung. Ich brauche für alles viel mehr Zeit als noch vor wenigen Jahren. Und weil ich schneller ermüde, dauert es wesentlich länger, bis ich mich von einer Anstrengung erholt habe. Morgens brauche ich lange, um in den Tag hineinzukommen. Also lasse ich mir Zeit, frühstücke erst mal, trinke in aller Ruhe meinen Tee, lese die Zeitung, und dann kommen all die lästigen Alltagsnotwendigkeiten, die jetzt ärgerlicherweise immer mehr Zeit beanspruchen: Geschirr abräumen, in der Küche einigermaßen Ordnung schaffen, dann duschen, Zähne putzen, anziehen und so weiter. Wie gerne wäre ich morgens schneller mit alledem fertig! Hetzen hilft nichts, das spart keine Zeit, sondern führt höchstens zu mehr Fehlleistungen, die wiederum zusätzlich Zeit kosten. Selten bin ich vor zehn Uhr morgens so weit, dass ich mich an den Schreibtisch setzen kann. Doch es hat keinen Sinn, ständig mit früher zu vergleichen und zu meinen, es müsste doch schneller gehen. Das bringt gar nichts. Viel sinnvoller ist es, die jetzigen Möglichkeiten und Grenzen zu erkennen – und anzuerkennen –, mich in den veränderten Rhythmus hineinzufinden und mich damit zufrieden zu geben. Das gelingt mir meistens, aber nicht immer. Manchmal ärgere ich mich schon über meine Langsamkeit und werde ungeduldig.

Ich hätte mir früher nie vorstellen können, dass es ganz einfache Dinge sind, die im Alter so mühsam werden: in die Ärmel schlüpfen, mich bücken, um die Schuhe anzuziehen oder, weil mir schon wieder etwas aus der Hand gefallen ist, etwas von oben aus dem Schrank nehmen und so weiter. Manches, was selbstverständlich nebenher lief, wird kompliziert und braucht übermäßig viel Zeit. Selbst der Gang zur Toilette morgens lässt sich nicht mehr so nebenher erledigen, sondern erfordert mehrere Anläufe. Dass diese banalen Dinge so lästig werden, stellt man sich nicht vor, wenn man sich in jüngeren Jahren Gedanken macht über die Schwierigkeiten, die einem im Alter bevorstehen.

Ärgerlich sind vor allem die vielen kleinen Erschwernisse, die den Alltag unnötig komplizieren. Verschlüsse zum Beispiel, die nur mit großer Mühe aufzuschrauben sind, weil man nicht mehr so viel Kraft in den Händen hat. Die Verpackungsindustrie hat eine Perfektion erreicht, die völlig außer Acht lässt, dass das Verpackte wieder ausgepackt werden muss. Ich vertrödle viel zu viel Zeit, um eine neue Zahnbürste aus der komplizierten Packung zu schälen oder um ein Fläschchen mit Augentropfen aufzuschrauben. Es kommt sogar vor, dass ich es gar nicht schaffe, und mit einem besonders hartnäckigen Behälter wieder in die (zum Glück nahe) Apotheke zurückgehen und darum bitten muss, ihn mir zu öffnen. Was immer mit großer Freundlichkeit geschieht.

Dass die leidige Feinmotorik nicht mehr so gut funktioniert, kann die einfachsten Dinge des Alltags erheblich erschweren. Manchmal schaffe ich es nur mit Mühe, einen Stecker aus der Steckdose zu ziehen. Lauter Dinge, die mir früher leicht von der Hand gingen, die ich nicht weiter beachtet habe und von denen ich mir nie hätte vorstellen können, dass sie mir eines Tages schwer fallen würden. Wenn ich mir Sorgen machte über das, was mir im Alter bevorstehen könnte, dachte ich eher an große schwerwiegende Beeinträchtigungen. Vor solchen bin ich glücklicherweise – bis jetzt – verschont geblieben. Zu schaffen machen mir die kleinen Fehlleistungen, die immer mehr zunehmen.

Ständig fällt mir etwas aus der Hand, zerbricht in tausend Scherben oder rollt unauffindbar weit weg, neulich schaffte es eine Vitamintablette, genau durch den schmalen Spalt hinter das Küchenmöbel zu rollen, welches sich keinen Millimeter von mir bewegen ließ, als ich es von der Wand wegschieben wollte. Solche Dinge häufen sich, ein Trost, dass es nicht nur mir, sondern vielen Gleichaltrigen so geht. Noch ein merkwürdiges Phänomen, dass auch andere von sich schildern: Ich suche etwas und kann es einfach nicht finden. Nach ein paar Stunden, oder eher noch am nächsten Tag, entdecke ich es dann plötzlich genau da, wo ich es vorher vergeblich gesucht habe. Wie das zustande kommt, ist mir unerklärlich.

Mit den abnehmenden Fähigkeiten muss man sich abfinden, doch vieles könnte leichter sein, wenn Architekten, Designer, Städteplaner und Baufachleute beim Planen ein wenig an die Menschen denken würden, die nicht oder nicht mehr topfit sind. Treppen ohne Geländer sind eine kaum überwindbare Hürde für Menschen, die beim Gehen unsicher sind, weil ihr Gleichgewichtssinn nicht mehr gut funktioniert. Bis vor kurzem konnten Menschen, die schlecht sehen, den Lift in meinem Haus nicht benutzen, weil die Stockwerkzahlen so diskret in eine Milchglasscheibe eingelassen waren, dass nur scharfe Augen sie erkennen konnten. Sie leuchteten erst auf, wenn sie gedrückt wurden, so merkte man wenigstens, wenn man im falschen Stock landete. Nach energischen Reklamationen einiger Mieter wurde die Lifttafel inzwischen abgeändert.

Obwohl die Wohnungen weiter oben mehr Sonne und eine schönere Aussicht haben, bin ich froh, dass ich nur im zweiten Stock wohne. So bin ich nicht ausschließlich auf den Lift angewiesen. Mindestens einmal am Tag benutze ich die Treppe, wenn ich mir morgens die Zeitung heraufhole. Es kann auch vorkommen, dass der Lift mal nicht funktioniert. Wenn ich nichts Schweres zu tragen habe, sind die zwei Stockwerke trotz meiner diversen Beschwerden gut zu schaffen.

Mühe habe ich mit manchen Nachrichtensprecherinnen und -sprechern. Einigen scheint es mehr um einen Rekord im Schnellsprechen zu gehen als um das Vermitteln von Informationen. Jedenfalls verstehe ich manchmal kaum die Hälfte von dem, was sie in rasantem Tempo herunterrasseln.

Und warum ist die Grünphase bei sämtlichen Fußgängerampeln so kurz, dass die Straße fast nur im Laufschritt zu überqueren ist? Obwohl ich ja nicht wirklich gehbehindert bin, nur etwas unsicher und langsam, schaffe ich es kaum jemals rechtzeitig auf die andere Straßenseite. Menschen mit Gehbehinderungen, Menschen, die auf Krücken angewiesen sind oder einen Rollator benutzen müssen, scheinen für die Verkehrsplaner offenbar nicht zu existieren. Zwar habe ich noch nie erlebt, dass ein Autofahrer bei Grün einfach losgefahren ist, wenn ich es noch nicht ganz über die Straße geschafft hatte. Doch vielleicht hatte ich einfach Glück. Denn laut Statistik passieren an Zebrastreifen überdurchschnittlich viele Unfälle.

Ein Vorteil des Langsamerwerdens ist, dass ich die kleinen alltäglichen Verrichtungen bewusster mache und viel genauer wahrnehme, was ich tue. Früher mussten diese Dinge immer rasch nebenher gehen Und siehe da: Ich finde auf einmal mehr Gefallen an manchen banalen Alltagsverrichtungen. Bewusstes Vorgehen in kleinen Schritten ist eine Hilfe, um dem immer schlechter werdenden Kurzzeitgedächtnis etwas entgegenzusetzen. Wenn ich tägliche Verrichtungen bewusst eine nach der anderen in derselben Reihenfolge erledige, kann ich mir besser merken, was bereits getan ist und was noch getan werden muss. Sonst kann es leicht passieren, dass ich sogar nicht mehr weiß, habe ich jetzt die Zähne oben und unten schon geputzt oder waren es nur die oben?

Problematisch an der Vergesslichkeit ist ja nicht, dass man vieles aus früheren Jahren nicht mehr weiß. Das ist ganz normal und, wie ich glaube, ein unausweichlicher Prozess in dieser Lebensphase. Problematisch ist vor allem das schlechte Kurzzeitgedächtnis, das den Alltag erheblich erschwert. Gedächtnistrainings müssten meiner Meinung nach hier ansetzen, nicht beim Heraufholen alter Erinnerungen. Es hat sehr wohl einen Sinn, dass dem Bewusstsein nicht mehr alles zugänglich ist, was wir in unserem Leben erlebt haben.

Interessanterweise erkennen Neurowissenschaftler und Psychologen neuerdings mehr und mehr, dass individuelles Vergessen sehr nützlich sein kann. Gleichzeitig diskutieren Historiker, Soziologen und Politikwissenschaftler heftig über das kollektive Vergessen und die Frage, ob das statthaft sei. Der Soziologe Harald Welzer zum Beispiel, der sich ein Forscherleben lang intensiv mit sozialem Gedächtnis und Erinnerungskultur beschäftigt, kommt zur Erkenntnis: »Die weitverbreitete Vorstellung, dass Erinnern grundsätzlich gut ist und Vergessen böse, ist totaler Quatsch.« (DIE ZEIT N° 33, 13.08.2015) Und schon der Systemtheoretiker Niklas Luhmann (1927–1998) schrieb in *Gesellschaft der Gesellschaft* (1997, Suhrkamp, Frankfurt a. M.): »Die Hauptfunktion des Gedächtnisses liegt also im Vergessen, im Verhindern der Selbstblockierung des Systems durch ein Gerinnen der Resultate früherer Beobachtungen.« Studien der Harvard University, Boston, zeigen auf, dass das sogenannte »Debriefing«, das systematische Durchsprechen des Erlebten möglichst direkt nach dem schrecklichen Ereignis – lange Zeit *das* therapeutische Mittel der Wahl, um posttraumatischen Belastungsstörungen vorzubeugen – nach den Terroranschlägen des 11. September 2001 häufig genau das Gegenteil bewirkte. Das Zwangserinnern hat das Leid oft nicht gelindert, sondern sogar verstärkt. Vergessen kann also durchaus heilsam sein. Das bestätigt – auf unerwartete Weise – einmal mehr, wie richtig es ist, dass in der personzentrierten Psychotherapie und Beratung nicht »gebohrt« sondern darauf vertraut wird, dass die Klienten selber am besten wissen, was sie wann zur Sprache bringen wollen – und können.

Es besteht also kein Grund, dass wir uns im Alter Sorgen machen, weil so vieles, das uns im Leben einmal wichtig gewesen war, in den Tiefen des Vergessens versunken ist. Wenn etwas aus irgendeinem Grund noch oder wieder von Bedeutung ist, taucht es im richtigen Moment von selbst aus der Versenkung auf. Doch grundsätzlich ist Vergessen ein wichtiger Bestandteil des vielbeschworenen Loslassens, das auf der letzten Wegstrecke des Lebens tatsächlich immer wichtiger wird.

SO LÄSTIG Verlangsamung ist, sie hat auch ihre guten Seiten. Wenn ich kurz vor der Kreuzung sehe, dass die Ampel da vorne für Fußgänger grün zeigt, weiß ich: Bis ich dort bin, ist sie schon wieder rot. Ich brauche mich gar nicht erst zu beeilen, es nützt sowieso nichts. Das bewirkt eine wohltuende Gelassenheit. Wenn das Tram in die Haltestelle einfährt, weiß ich, dass ich es ohnehin nicht mehr erwische, obwohl ich nur noch die Straße überqueren muss. Also muss ich gar nicht losrennen, ich nehme dann halt das nächste, was soll's. Ich setze mich auf die Bank an der Haltestelle und schaue dem Treiben zu. Solche Verzögerungen muss ich allerdings mit einkalkulieren und früh genug aufbrechen, was wiederum Zeit kostet. Meistens bin ich dann zu früh, stehe oder sitze irgendwo herum und muss warten – doch inzwischen macht mich das nicht mehr ungeduldig. Ich nehme es, wie es ist, und wundere mich, warum alle Leute rundherum so hektisch herumhetzen. Sicher, manchmal geht es nicht anders. Doch es kommt mir vor, als sei es zum Prinzip geworden: Eilen, eilen, eilen, auch wenn es gar nicht nötig ist. Solchen Verhaltensweisen begegnet man jeden Tag, es sind Banalitäten, die andere gar nicht bemerken und die mir früher auch nicht aufgefallen sind. Heute nehme ich sie als völlig absurd wahr. So verändert sich der Blickwinkel.

Dabei ist so viel von Entschleunigung die Rede, die dringend notwendig sei. Mit entsprechenden Retraiten und Seminaren zum Thema werden gute Geschäfte gemacht. Doch kaum zurück im Alltag, hetzen die Menschen wieder genau so stark wie zuvor, bis die Zeit wieder reif ist für einen Rückzug. Warum nicht stattdessen den Alltag etwas ruhiger angehen? Das ist weniger aufreibend und braucht im Endeffekt wahrscheinlich nicht mehr Zeit. Vielleicht ließe sich in dieser Hinsicht von alten und von behinderten Menschen etwas lernen?

Wäre es nicht klüger, sich im Kontakt mit ihnen vorübergehend *ihrem* Rhythmus anzupassen, anstatt ungeduldig zu werden und sie zur Eile anzutreiben? Das wäre für beide Seiten entspannend. Es schadet nichts, das eigene Tempo hin und wieder etwas zu verlangsamen, im Gegenteil. Dadurch erschließt sich eine andere Perspektive und manches, worüber man sonst achtlos hinwegsieht, wird genauer wahrnehmbar.

Dass sich mein Blick vermehrt auf Naheliegendes richtet, bedeutet nicht, dass ich nur noch um mich selbst kreise. Ich nehme sehr wohl wahr, was in der Welt geschieht. Das unfassbare Flüchtlingselend und die zum Teil erschreckenden Reaktionen darauf erschüttern mich zutiefst. Für meine Generation, die als Kinder und Heranwachsende die Kriegs- und Nachkriegszeit erlebt hat, war es unvorstellbar, dass so etwas je wieder möglich sein würde. Was heute geschieht, erinnert bedenklich an die beschämende damalige Flüchtlingspolitik in der Schweiz. Davon erfuhren wir allerdings in unserer Jugend nichts, wir bekamen ein viel schmeichelhafteres Bild vermittelt von einem hilfsbereiten Land, das großzügig Flüchtlinge aufnahm. Das gab es wohl auch. Dass es da aber noch eine ganz andere Seite gegeben hatte, erfuhr ich in den fünfziger Jahren auf drastische Weise von zwei alten Damen in Berlin, die mit knapper Not den Krieg in einem Versteck überlebt hatten. Sie fragten mich vorwurfsvoll, was ich denn von der Schweizer Flüchtlingspolitik vor und im Zweiten Weltkrieg hielte. Als ich davon zu sprechen begann, wie viele Menschen damals bei uns Zuflucht gefunden hätten, unterbrachen sie mich barsch: Angehörige von ihnen, die fliehen wollten, seien an der Schweizer Grenze abgewiesen und in den sicheren Tod zurückgeschickt worden. Ich fiel aus allen Wolken und schämte mich ebenso für mein Land wie für das selbstgerechte Bild, das wir von ihm hatten. Erst in den sechziger Jahren begann man sich in der Schweiz mit der Schattenseite

dieses Bildes auseinanderzusetzen. Wesentlichen An-
stoß dazu gab das Buch von Alfred A. Häsler *Das Boot
ist voll* (1967, Fretz & Wasmuth, Zürich). Der Titel wurde zum Sinnbild einer verhängnisvollen Haltung, die
sich leider heute in vielen europäischen Ländern erneut
ausbreitet. Diese »Das-Boot-ist-voll«-Mentalität ist be-
schämend. Wenn wir Menschen, die nicht aus Kriegs-
gebieten kommen, sondern weil sie in ihrem Land keine
Zukunftschancen sehen, abfällig als »Wirtschaftsflücht-
linge« bezeichnen, sollten wir uns daran erinnern, dass
fast alle unsere Auswanderer nach Übersee bis, ins
20. Jahrhundert hinein, ebenfalls »Wirtschaftsflüchtlin-
ge« waren: Sie wollten ein besseres Leben für sich und
ihre Kinder, genau wie viele Menschen heute. Dass es
kaum möglich sein wird, alle aufzunehmen, berechtigt
uns nicht dazu, sie so menschenverachtend zu behandeln, wie es zurzeit geschieht. Aus welchen Gründen
auch immer sie geflohen sind, es sind Menschen wie wir,
sie haben ein Recht darauf, mit Respekt und Anstand
behandelt zu werden, egal woher sie kommen und welche Hautfarbe sie haben. Erfreulicherweise beginnen
sich inzwischen diejenigen entschiedener bemerkbar zu
machen, die sich für Mitmenschlichkeit und tatkräftige
Hilfe einsetzen. Genau wie damals sind es vor allem
private Initiativen und Organisationen, in denen sich
freiwillige Helfer engagieren, welche die Menschen
zunächst einmal mit dem Nötigsten versorgen. Und
endlich haben sich auch einige Spitzenpolitiker dazu
durchgerungen, die unsäglichen Auswüchse von Rassis-
mus und Gewalt mit deutlichen Worten als kriminell
zu verurteilen. Hoffen wir, dass diese Gegenkräfte stark

und tatkräftig genug sein werden, um sich dauerhaft durchzusetzen. Wenn ich daran denke, was andernfalls auf uns zukommen könnte, bekomme ich Angst um die Zukunft meiner Enkel und ihrer Generation – und bin manchmal fast froh, dass ich nicht mehr lange leben werde.

ABGESEHEN von solchen Gedanken, lebe ich nach wie vor sehr gern. Noch beängstigender als meine zunehmende Verlangsamung ist, dass die Zeit sich immer mehr verkürzt. Es ist eine der Paradoxien des Lebens: Je weniger Zeit uns noch bleibt, desto schneller vergeht sie. In der Kindheit dauert es eine Ewigkeit, bis endlich das Schuljahr vorbei ist, bis man alt genug ist fürs Kino, bis endlich Weihnachten ist oder der nächste Geburtstag vor der Tür steht. Als Kind war ein Jahr eine endlos erscheinende, unüberschaubar lange Zeitspanne. Jetzt, da ich nur noch wenige Jahre vor mir habe, rinnen sie mir durch die Finger. Schon sind es ein paar Jahre, die ich wieder in Zürich wohne, dabei habe ich das Gefühl, ich sei gerade erst hierher gezogen.

Noch erschreckender ist, dass ich manchmal von einer Kindheitserinnerung denke: Das ist fünfzig Jahre her – und anschließend merke: Es sind siebzig Jahre. Irgendwie ist es unfassbar, von einem Ereignis im eigenen Leben sagen zu müssen: Das war vor siebzig Jahren.

Nicht nur die Jahre, auch die Stunden zerrinnen in atemberaubendem Tempo. Gerade war es noch halb zehn, und schon ist wieder eine Stunde vorüber? Dabei habe ich dies noch nicht gemacht und wollte jenes noch erledigen. Sehr zu Unrecht wird darüber gespottet, dass alte Leute nie Zeit haben. Denn es ist wirklich so: Je älter man wird, desto mehr verkürzt sich die Zeit, und dadurch haben alte Menschen tatsächlich immer weniger Zeit. Ach, wäre es doch umgekehrt! Warum nur vergeht die Zeit jetzt, da sie so kostbar geworden ist, nicht langsamer anstatt immer schneller und schneller zu zerrinnen? Stattdessen bin ich es, die immer langsamer wird, wodurch sich die Zeit zusätzlich verkürzt. Doch so ist es nun mal. Es bleibt mir nichts anderes übrig, als das zu akzeptieren.

Natürlich verlangsamen mich die Beschwerden, die der kaputte Rücken mit sich bringt, noch zusätzlich. Doch ich komme erstaunlich gut damit zurecht, sogar die Ärzte wundern sich. Dafür bin ich sehr dankbar. Es ist mir sehr bewusst, wie viel Glück ich habe im Vergleich zu anderen. Trotzdem kränkt es mich, wenn ich auf die Frage, wie es mir gehe, manchmal meine Beschwerden erwähne und dann gesagt bekomme, das sei doch nicht so schlimm, andere hätten viel schlimmere Schmerzen, müssten viel mehr Medikamente schlucken, litten an wesentlich gravierenderen Gesundheitsproblemen, obwohl sie viel jünger seien. Das weiß ich ja. Leukämie, Krebs, MS, Querschnittlähmungen, das sind viel härtere Schicksale, vor allem, wenn sie schon in jüngeren Jahren auftreten. Es liegt mir fern, die viel weniger dramatischen Beschwerden, die das Alter mit sich bringt, damit zu vergleichen. Dennoch machen sie mir manchmal zu schaffen. Dann wäre es wohltuend, etwas Anteilnahme und Verständnis zu erfahren anstatt belehrt zu werden, dass andere weit schlimmer dran sind. Manchmal meine ich – vermutlich zu Unrecht – den unterschwelligen Vorwurf herauszuhören: Was willst Du eigentlich? Du lebst ohnehin schon viel zu lange. Das ist bestimmt ungerecht. Vielleicht mache ich mir diesen Vorwurf selber. Dass meine Generation sehr alt wird, ist für die nächste Generation zweifellos eine Belastung in einer Lebensphase, in der sie sich allmählich mit dem eigenen Älterwerden auseinandersetzt und manche noch einmal ein ganz neues Leben beginnen wollen.

Dass die Tage sich so verkürzen, wird noch dadurch verstärkt, dass ich sehr rasch müde werde und viel Schlaf brauche. Erschreckend viel, finde ich oft, wenn ich nach einem besonders langen, tiefen Mittagsschlaf erwache, als käme ich aus weiten Fernen zurück, und mich frage, wo war ich nur?

Schlafes Bruder?

Schlafes Bruder lautet der Titel eines Romans von Robert Schneider (1992, Reclam, Stuttgart). Das Wortbild fasziniert mich, es widerspiegelt mein Erleben. Fast immer habe ich beim Erwachen das Gefühl, von weither aus einer ganz anderen Realität aufzutauchen, und es braucht eine Weile, bis ich wieder in die Alltagsrealität zurückfinde. Ob der Schlaf tatsächlich so etwas wie ein Abbild des Todes im Leben verkörpert? Gewiss, es ist die Realität der Träume, in die wir im Schlaf eintauchen. Doch könnten Träume nicht vielleicht eine Brücke sein, die uns während unseres Lebens mit jener anderen, unbekannten Realität verbindet, dem Tod?

In der griechischen Mythologie sind Thanatos, der Gott des Todes, und Hypnos, der Gott des Schlafes, Brüder. Von Plato ist die Aussage überliefert, der Schlaf sei ein kurzer Tod, und der Tod ein langer Schlaf. Die Vorstellung vom Tod als einem langen Schlaf hat etwas Tröstliches. Ob die Wurzel dieser Vorstellung in der Hoffnung auf einen sanften Tod liegt? Ich bin sehr erschrocken, als ich kürzlich jemanden sagen hörte, der Tod sei immer etwas Gewaltsames. Ich kann und will mir nicht vorstellen, dass es das ist, was bald auf mich zukommt. Ich hoffe auf ein sanftes Hinübergleiten in einen Schlaf, aus dem es kein Erwachen mehr gibt. Das wünschen sich wohl alle Menschen. Doch nur für wenige geht dieser Wunsch in Erfüllung, ich weiß.

Der Gedanke an den Tod ist zum unaufdringlichen, aber ständigen Begleiter geworden, der immer mal wieder aufscheint. Ich überlege mir, ob ich den uralten warmen Mantel für sehr kalte Tage nicht endlich durch einen neuen ersetzen will, und denke dann: ach was, für die wenigen sehr kalten Tage, die ich noch erlebe ... Es sind ja längst nicht alle Winter so kalt, dass ich ihn brauche. Und dass ich mir endlich für neben dem Sofa eine bessere Lampe besorgen sollte, schiebe ich schon seit Monaten vor mir her – sicher, da ist auch Bequemlichkeit im Spiel, aber zugleich der Gedanke: ach, das lohnt sich nicht mehr für die kurze Zeit. Andererseits sage ich mir bei manchen Dingen: doch jetzt grade, selbst wenn es nur noch für kurze Zeit ist.

Immer wieder einmal geht mir die Frage durch den Kopf: Wie wird es wohl sein, wenn ich sterbe? Dann möchte ich es genau wissen, möchte darauf gefasst sein können, aber das ist unmöglich. Die Vorstellung, *dass* ich in nicht allzu langer Zeit nicht mehr da sein werde, ist in der letzten Zeit konkret und greifbar geworden, aber *wie* es sein wird, kann ich mir nicht vorstellen. Das *Wie* ist unvorstellbar und bleibt wohl bis zum Schluss eine große und manchmal beklemmende Ungewissheit, gegen die keine noch so gut durchdachte Patientenverfügung (die ich erst vor kurzem aufgesetzt habe) etwas ausrichten kann. Das macht mir manchmal Angst.

Angst, ich würde in einem Spital an irgendwelchen Schläuchen hängen, Schmerzen erleiden, müsste gutgemeinte »Begleitungen«, die ich nicht will, über mich ergehen lassen. Oder ich könnte einen Schlaganfall bekommen, und tagelang würde es niemand merken – Schreckensbilder, die ich schnell wieder verdränge.

»Schlafes Bruder« ist ein wunderbares Bild für die Hoffnung auf ein sanftes Sterben. Diese Hoffnung kommt auch in einem Gedicht von Rainer Maria Rilke zum Ausdruck, das ich schon immer sehr geliebt habe.

DER SCHWAN
Diese Mühsal, durch noch Ungetanes
schwer und wie gebunden hinzugehn,
gleicht dem ungeschaffnen Gang des Schwanes.

Und das Sterben, dieses Nichtmehrfassen
jenes Grunds, auf dem wir täglich stehn,
seinem ängstlichen Sich-Niederlassen –:

in die Wasser, die ihn sanft empfangen
und die sich, wie glücklich und vergangen,
unter ihm zurückziehn, Flut um Flut;
während er unendlich still und sicher
immer mündiger und königlicher
und gelassener zu ziehn geruht.

Vielleicht sind diese Wortbilder so tröstlich, weil sie die Ungewissheit des »Wie« mit einem Hoffnungsschimmer erhellen, dass das Sterben geruhsam und gelassen sein und vielleicht sogar etwas Beglückendes an sich haben könnte.

Und noch ein anderes Wortbild kommt mir in den Sinn, das ich vor sehr langer Zeit mal in einem Gedicht geschrieben habe: »Der Tod ist ein blassblauer Bruder der Liebe ...«. Merkwürdig, dass mir das auf einmal wieder einfällt. Auch dieses Wortbild hat etwas Tröstliches. Es spricht mich immer noch an, obschon es in einer ganz anderen Lebenssituation entstanden ist und ich gar nicht mehr so genau weiß, was mich damals bewegt hat. Ob in diesem Bild eine Sehnsucht zum Ausdruck kommt, das Sterben möge auch eine liebevolle Seite haben? Vielleicht. Das Schöne an Wortbildern ist, dass sie nicht erklärt werden müssen. Sie sprechen für sich, berühren uns emotional und lassen sich in verschiedenen Lebenssituationen und Lebensphasen immer wieder mit anderen Bedeutungszusammenhängen assoziieren.

EINMAL in meinem Leben meinte ich, so etwas wie eine Vorerfahrung des Sterbens zu durchleben. Das war bei der Geburt meines ersten Kindes. Beim zweiten war das schon anders, wahrscheinlich weil mir der Geburtsvorgang inzwischen vertraut war. Beim ersten Mal war alles vollkommen neu und unbekannt. Sicher, man wird auf jede erdenkliche Art darauf vorbereitet und mit dem Verstand wusste ich natürlich, wie eine Geburt abläuft. Aber wie es für mich sein würde, konnte ich mir nicht vorstellen. Das weiß man erst, wenn man es erlebt. Es war, als würde ich von einer Naturgewalt überwältigt, auf die ich keinerlei Einfluss hatte. Zwar erinnerte ich mich verschwommen an den Geburtsvorbereitungskurs und bemühte mich unter Anleitung der

Hebamme, richtig zu atmen und brav alles so zu machen, wie ich es dort gelernt hatte. Vielleicht half es tatsächlich etwas, ich weiß es nicht. Ich fühlte mich einer Urkraft ausgeliefert, der gegenüber ich machtlos war. Sie bestimmte das Geschehen, egal ob ich mich »richtig« verhielt oder nicht, zeitweise mit solch schmerzhafter Heftigkeit, dass ich dachte: Ich sterbe. Und zugleich empfand ich staunendes Glück über das Wunder des neuen Lebens, das da entstand. Beide Gefühlsstränge waren eng ineinander verschlungen, Lebensanfang und Lebensende verschmolzen vorübergehend zu zwei untrennbaren Elementen ein und desselben Geschehens. Das war eine tiefgreifende existenzielle Erfahrung, die ich nicht missen möchte. Im Kurs für Rückbildungsgymnastik erregte ich allerdings erhebliches Befremden, als wir in der ersten Stunde berichten sollten, wie wir die Geburt erlebt hatten. Die anderen Frauen empfanden meine Erfahrung als abwegig. Offenbar war ich die einzige, die es so erlebt hatte. Oder sie machten sich etwas vor. Damals war der Mythos von der »schmerzlosen« Geburt hoch im Kurs mit dem Nebeneffekt, dass Schmerzen bei der Geburt als Versagen betrachtet wurden. Gedanken ans Sterben waren da erst recht fehl am Platz.

Heute sehe ich mich in meinem Erleben bestätigt. Der Palliativmediziner Gian Domenico Borrasio geht in seinem bahnbrechenden Buch Über *das Sterben* (2011, Beck, München) von dem (laut Klappentext »ungewohnten«) Gedanken aus, dass Geburt und Tod etwas Gemeinsames haben. Für mich ist der Gedanke keineswegs ungewohnt, im Gegenteil, er stimmt mit meiner

Erfahrung überein. Es ist schön zu merken, dass ich damit doch nicht so allein bin, wie ich bisher geglaubt hatte.

WENN GEBURT und Tod etwas Gemeinsames haben, ist es eigentlich einleuchtend, dass auch Liebe und Tod irgendwie miteinander verwandt sind, trotzdem oder weil es so gegensätzliche Erfahrungen sind. Nicht nur in der Literatur – Romeo und Julia, Hero und Leander – sind sie miteinander verbunden, oft indem der Tod zum Ausweg wird, wenn die Liebe keine Chance hat. Auch in der Oper ist die Verbindung von »Liebe und Tod« immer wieder ein zentrales Thema.

Wie auf Stichwort entdeckte ich vor ein paar Tagen unter den eingegangenen E-Mails eine mit dem Betreff »Liebe und Tod« – ein Programmhinweis des Opernhauses auf die bevorstehende Neuinszenierung von Verdis »Traviata«, für die der Komponist offenbar ursprünglich den Titel »Amore et Morte« vorgesehen hatte.

Ich hätte nie gedacht, dass ich mich einmal so für die Oper interessieren, ja zeitweise sogar begeistern könnte. Oper war für mich seit meiner Jugendzeit etwas Verstaubtes, Muffiges, Gestriges, mit dem ich nie mehr etwas zu tun haben wollte. Ich war ein »gebranntes Kind«.

Rückblende

Meine Mutter ging zwei oder dreimal die Woche in die Oper oder ins Konzert. Ich aß dann alleine mein Birchermüsli oder ein Joghurt oder was mir sonst als Abendessen hingestellt worden war. Später, als ich ein bisschen älter war, konnte ich mir selber etwas herrichten. Eine Zeitlang bestand mein (ziemlich schwer verdauliches!) Lieblingsgericht aus einem Gemisch von gebratenen Tomaten und geschmolzenem Emmentaler Käse, das ich mir in einer Pfanne zubereitete und mit Genuss verzehrte – manchmal mehrmals in der Woche, je nachdem wie oft ich alleine zu Hause war.

Manchmal »durfte« ich meiner Mutter, bevor sie ging, das kleine, schwarze Täschchen bereitmachen, das sie abends mitnahm, also einiges, was sie brauchte, aus ihrer großen Tasche in die kleine umräumen, unter anderem auch etwas Geld aus dem großen Portemonnaie in ein kleineres umfüllen. Mit der Zeit begann ich, die eine oder andere Münze für mich abzuzweigen. Das muss noch in den ersten Schuljahren gewesen sein, denn ich erinnere mich, dass ich damit Süßigkeiten kaufte (oder was immer in der Kriegszeit als Ersatz dafür angeboten wurde) und mich damit bei den anderen Kindern beliebt machen wollte. Mit wenig Erfolg. Die Süßigkeiten wurden genommen, aber akzeptiert wurde ich trotzdem nicht. Es dauerte ziemlich lange, bis meine Mutter mir auf die Schliche kam. Welche Folgen das für mich nach sich zog, weiß ich nicht mehr. Ich erinnere mich nur, dass sie ziemlich unangenehm waren.

Die Wagner-Schwärmerei meiner Mutter war geradezu

grotesk, sie ging weit über jede Musikbegeisterung hinaus. Nicht nur besuchte sie sämtliche Aufführungen im Opernhaus und reiste jedes Jahr zu den Bayreuther Festspielen (sogar noch kurz vor dem Kriegsausbruch 1939), auch der Alltag triefte von Wagner, ständig zitierte sie irgendwelche hehren Sätze aus einer seiner Opern, aus dem Grammophon schmetterten Heldentenöre ihre Arien, unser Quartettspiel war ein Wagnerquartett, sodass ich wohl oder übel früh lernte, welche Figur in welcher Oper vorkam. Bereits als Zehnjährige wurde ich von meiner Mutter in die Oper mitgeschleppt, vorwiegend in Wagner-Opern, wo ich mich tödlich langweilte und sehnsüchtig auf die Pause wartete, in der sie mir am Buffet ein Mandelhörnchen kaufte. Trotzdem muss mich irgendetwas an diesen frühen Opernbesuchen beeindruckt haben, denn eine (kurze) Zeitlang behauptete ich, ich wolle Opernsängerin werden.

Gefreut habe ich mich, als meine Mutter entschied, ich brauche für die Opernbesuche ein »schönes Kleid«, und mich in ein Kleidergeschäft auf der Bahnhofstraße mitnahm, um etwas Passendes zu finden. Die Verkäuferin zeigte uns samtene Hängerkleidchen, oben mit Smokstickerei verziert, wie es damals für »bessere« Kinderkleider üblich war. Zwei standen zur Auswahl, eines war blau mit roten Tupfen, und das andere braun mit weißen Tupfen. Ich hätte furchtbar gerne das mit den roten Tupfen gehabt, das mir sofort gefiel. Das braune mochte ich nicht. Natürlich bekam ich das braune. Es war ein Erziehungsprinzip meiner Mutter, dass Kinder immer nicht genau das bekommen sollen, was sie sich wünschen. Das hielt sie auch mit Weihnachtsgeschenken so. Zu *meinem Missvergnügen musste ich von da an immer dieses braune Kleid anziehen, wenn ich in die Oper mitgenommen wurde. Zum Glück dauerte es nicht allzu lange, bis es mir zu klein geworden war.*

Ins Schauspiel ging meine Mutter nie, Theater ohne Musik betrachtete sie als minderwertig. Dabei war damals die legendäre große Zeit des Zürcher Schauspielhauses. Berühmte Schauspieler und Regisseure, die aus Deutschland emigriert waren, hatten hier Zuflucht gefunden und vermittelten dem Publikum hochkarätige Theatererlebnisse. Doch davon hatte ich als Kind keine Ahnung. Erst nach dem Krieg, als ich im Gymnasium war, entdeckte ich das Theater und begeisterte mich dafür. Ich habe alle Aufführungen besucht, für die ich eine billige Schülerkarte ergattern konnte, und entwickelte eine schwärmerische Bewunderung für die Schauspieler. Prompt wollte ich nicht mehr Opernsängerin werden, sondern Schauspielerin, was ich dann ja tatsächlich ein paar Jahre lang war. Vor sehr langer Zeit.

JAHRZEHNTELANG habe ich die Oper gemieden. Erst viel später begann ich, angeregt durch einen opernbegeisterten Kollegen, gelegentlich die eine oder andere Aufführung zu besuchen. Doch so richtig gepackt hat es mich erst, seit ich wieder in Zürich wohne, ganz in der Nähe des Opernhauses. Zu gleicher Zeit gab es einen Intendantenwechsel, und mit dem neuen Leitungsteam kam ein frischer Wind in das traditionsreiche Haus. Ein interessanter Spielplan mit klug durchdachten, keineswegs verstaubten, sondern zeitgemäßen Inszenierungen und hervorragenden Sängern führt dazu, dass ich wesentlich öfter in die Oper gehe als bisher. Sehr spannend sind auch die Einführungsgespräche mit Regisseuren, Dirigenten, Sängerinnen oder zu Saisonbeginn mit dem Leitungsteam. Dass Teamarbeit in dem Haus jetzt einen hohen Stellenwert hat, wird nicht nur immer wieder von den Mitwirkenden betont, es wird bei diesen Gesprächen auch sehr konkret sichtbar in der Art, wie sie miteinander umgehen. In diesem Haus herrscht jetzt ein ganz anderer Ton als in früheren Jahren, das ist sogar für mich als Zuschauerin spürbar – bis hin zur Kasse. Selbst da gehe ich im Gegensatz zu früher ausgesprochen gerne hin, trotzdem man manchmal ziemlich lange anstehen muss.

Einmal mehr bestätigt sich die Erfahrung, dass ein gutes Betriebsklima nicht nur für die Mitarbeiterinnen und Mitarbeiter von entscheidender Bedeutung ist. Es trägt darüber hinaus wesentlich dazu bei, dass Außenstehende, seien es Kunden oder Besucher, sich willkommen fühlen. Das gilt für jede Art von Betrieb – auch und besonders für soziale Einrichtungen, wo man sich dessen leider nicht immer bewusst ist.

Um Wagner machte ich bis vor kurzem trotz meiner zunehmenden Begeisterung für die Oper weiterhin einen großen Bogen. Davon hatte ich für alle Zeiten genug. Deshalb war ich enttäuscht, dass sich ausgerechnet für den Fliegenden Holländer die erste verlockende Gelegenheit bot, im Opernhaus eine Probe zu besuchen. An sich hätte es mich brennend interessiert, einen Einblick in die Probenarbeit des neuen Teams zu erhaschen, aber Wagner – nein, das wollte ich mir nicht antun. Doch dann dachte ich plötzlich: Warum eigentlich nicht? Selbst wenn ich Wagner nicht mag, ist es auf jeden Fall interessant, etwas von der Probenarbeit mitzubekommen. Es kostet mich nichts, es wird nur ein Akt geprobt, und notfalls kann ich in der Pause gehen. Ich ging in der Pause nicht, sondern blieb bis zum Schluss und war begeistert. Später habe mir sogar noch die Aufführung angesehen, die mir sehr gut gefiel. Trotzdem, die anderen Wagner-Opern schrecken mich weiterhin ab. Den Ring der Nibelungen würde ich mir nicht ansehen, auch nicht Parzival oder Tristan und Isolde.

Doch als in der folgenden Spielzeit Lohengrin auf dem Programm stand, wurde ich neugierig und kaufte mir eine Karte. Lohengrin war die erste Oper, die ich als Kind gesehen hatte. Im Gegensatz zu den späteren langweilig öden Opernbesuchen, die ich in Erinnerung habe, muss mir dieser erste wohl gefallen haben. (Vielleicht daher mein kurzlebiger Wunsch, Opernsängerin zu werden?) Jedenfalls habe ich damals eine Farbstiftzeichnung gemacht mit Lohengrin und dem Schwan. Merkwürdigerweise habe ich dieses Bild bis heute aufbewahrt. Ich entdeckte es neulich zufällig in einer Mappe im Keller wieder, als ich etwas ganz Anderes suchte. Vorne links vor einem dicken Baumstamm steht König Heinrich, er trägt einen langen roten Mantel und auf dem Haupt die Krone. Am Baumstamm hinter ihm hängt ein blaurotes Wappen (sieht fast aus wie das Tessiner Wappen). Rechts steht der Held Lohengrin auf sein Schwert gestützt, in gelber – sollte vermutlich golden bedeuten – Rüstung, auf dem Kopf ein ebenfalls gelber hoher Helm mit aufstrebenden Zacken. Vor ihm kniet Elsa, im wallenden weißen Gewand, im Hintergrund reckt der Schwan seinen Kopf aus dem Schilf empor. Das Bild ist ziemlich dürftig gezeichnet (ich war in der Schule nie gut im Zeichnen, hatte immer schlechte Noten) und doch in seiner Kargheit irgendwie ausdrucksvoll. Erstaunlich, dass es sich über mehr als siebzig Jahre erhalten und sämtliche Umzüge überlebt hat.

Ich war gespannt, wie diese Oper jetzt, nach so langer Zeit, auf mich wirken würde. Schon die Einführungsmatinee brachte eine verblüffende Überraschung. Kaum begann die Darstellerin der Elsa, ihre große Arie zu singen, war mir die Musik sofort wieder vertraut, genau wie der Text, den ich gleich Wort für Wort wieder präsent hatte. Unglaublich! Es ist mehr als siebzig Jahre her, dass ich diese Oper einmal gesehen habe, und danach nie wieder. Sie muss mich viel mehr beeindruckt haben, als ich in Erinnerung hatte. Als der hervorragende Sänger der Titelrolle zum Abschluss der Matinee die Gralserzählung vortrug, kamen mir gar die Tränen.

Und genau so war es bei der Aufführung, die ich kurz darauf besuchte. Die Inszenierung, die natürlich ein ganz andres Bild vermittelte als meine Kinderzeichnung, gefiel mir sehr. Wieder kamen mir an derselben Stelle dieser Arie die Tränen. Warum nur? Sicher, die Musik ist wunderbar, aber der Text sagt mir eigentlich nichts. Und doch ist es die Symbiose von beidem, die mich erneut zutiefst berührte. Was mich daran so aufwühlte – ich weiß es nicht. Aber ich bin sicher, da sind alte, tief verschüttete Kindheitsgefühle angerührt worden.

Eine sehr begabte und erfolgreiche jüngere Regisseurin wurde kürzlich von einem Journalisten gefragt, warum sie Oper und nicht Schauspiel inszeniere. Ihre Antwort: Was sie an der Oper interessiere, sei die seelischen Befindlichkeiten, welche in der Musik zum Ausdruck kämen, szenisch umzusetzen. Ein interessanter Gesichtspunkt. Ob es diese seelischen Befindlichkeiten sind, die mich an der Oper so berühren, selbst wenn mir die Handlung nicht viel sagt? Wie immer eine Inszenierung ausfällt – gelungen oder weniger gelungen –, die Musik bleibt, was sie ist, und spricht für sich selbst. Zur Musik habe ich schon sehr viel früher wieder Zugang gefunden. Offensichtlich haben sich die ungeliebten Klavierstunden, die mir als Kind aufgenötigt wurden, obschon ich für das Klavierspiel weder begabt war noch Freude daran hatte, weniger lange negativ ausgewirkt als die frühen Opernbesuche.

Ins Schauspiel, das früher einmal eine so wichtige Rolle in meinem Leben gespielt hat, gehe ich kaum noch. Es sagt mir in seiner heutigen Form nichts mehr. Theaterexperimente habe ich in den 1960/70er Jahren viele miterlebt – zum Teil hochinteressante, die mir sehr gefielen. Solche Experimente lassen sich nicht endlos wiederholen. Und große Klassiker möchte ich im Wortlaut hören, auch wenn die Handlung in die Gegenwart verlegt wird. Ich verstehe nicht, warum Regisseure, denen die eigenen Texte wichtiger sind als die des Autors, ihre Stücke nicht selber schreiben.

Schon komisch, dass ich jetzt gerne in die Oper gehe, ein bisschen wie früher meine Mutter, wenn auch nicht so schwärmerisch verklärt und auch nicht so oft wie sie.

Doch offenbar habe ich da trotz unserer extrem schwierigen Beziehung und unseren völlig gegensätzlichen Lebensauffassungen etwas von ihr aufgenommen, das mir erst jetzt etwas bedeutet, nach so langer Zeit. Ein versöhnlicher Gedanke, der nichts beschönigt.

Doppelspur

»Gegenläufige Spuren prägen das Lebensgefühl der späten Jahre«, habe ich in meinem letzten Buch geschrieben. Dieses Gefühl verstärkt sich immer mehr. Bis vor ein paar Jahren habe ich mich vorwiegend in eine Richtung bewegt, plante auf längere Sicht, sagte Verpflichtungen Monate im Voraus zu. Nur gelegentlich nahm ich für einen kurzen Moment die parallel verlaufende Gegenspur wahr. Inzwischen kommt es mir vor, als sei ich immer auf zwei Spuren gleichzeitig unterwegs, einer Doppelspur sozusagen.

Auf der einen Spur geht das Leben seinen gewohnten Gang mit allem, was dazugehört, Glücksmomenten, kleinen Ärgernissen, Herausforderungen, Schwierigkeiten und gelegentlichen Erfolgserlebnissen. Die andere Spur führt langsam aber sicher auf das Ende zu. Wie lang oder kurz die Strecke ist, die mir noch bleibt, weiß ich glücklicherweise nicht. Vielleicht habe ich noch ein paar Jahre vor mir, vielleicht ist mein Lebensweg schon morgen zu Ende. Sicher ist nur: Er wird mit jedem Tag kürzer. Schade, dass die Zeit so schrecklich schnell vergeht. Ach, könnte ich sie doch ein wenig aufhalten! Ich würde gerne noch lange leben – wobei »lange« in diesem Zusammenhang ein sehr relativer Begriff ist.

ICH WERDE immer langsamer und wackliger, Fehlleistungen und Vergesslichkeit nehmen zu, an manchen Tagen in bedenklichem Ausmaß. Ich gehe kaum jemals aus der Wohnung, ohne noch einmal (oder mehrmals) umkehren zu müssen, weil ich etwas vergessen habe. Das alles kostet unnötig viel Zeit.

Besonders lästig ist, dass ich häufig *meine*, ich hätte etwas vergessen, zurückgehe, verzweifelt danach suche und es schließlich doch in meiner Handtasche finde, in der ich doch vorher nachgeschaut hatte. Wenn ich vor der verschlossenen Haustür den Schlüssel nicht auf Anhieb finde, gerate ich sofort in Panik, ich hätte ihn verloren oder in der Wohnung liegen gelassen und käme jetzt nicht ins Haus – passiert ist das bis jetzt noch nie. Dieses ständige Befürchten von Fehlleistungen ist manchmal fast unangenehmer als die Fehlleistungen selber. Doch mit solchen Unzulänglichkeiten muss ich mich jetzt abfinden. Es hilft nichts zu leugnen oder zu verdrängen, dass meine Fähigkeiten abnehmen, ich muss damit leben und es akzeptieren, was aber nicht dazu führen darf, dass ich mir überhaupt nichts mehr zutraue. Es geht darum, den besten Weg herauszufinden, mit den Beeinträchtigungen zurechtzukommen.

Ein bisschen etwas kann ich dem Abnehmen meiner Fähigkeiten schon entgegensetzen. Wenn ich im anderen Zimmer etwas holen will und, kaum bin ich dort, schon nicht mehr weiß, was ich eigentlich wollte, hilft es mir, sorgfältig zu überlegen, was genau ich gemacht hatte, bevor ich ins andere Zimmer ging. Nicht immer, aber meistens fällt es mir dann wieder ein. Es lohnt sich auf jeden Fall, einen Moment innezuhalten und mir den Vorgang noch einmal genau durch den Kopf gehen zu lassen. Im Endeffekt spart das Zeit.

Bei täglich anfallenden Verrichtungen hilft mir das Einhalten einer festen Reihenfolge. An besonders vergesslichen Tagen setze ich mir zudem in Gedanken ein Merkzeichen für alles, was erledigt ist: Zähne oben geputzt, Zähne unten geputzt, Gesicht gewaschen usw. Sonst kann es leicht passieren, dass ich es sofort wieder vergessen habe und noch einmal von vorne anfangen muss. Mir helfen Merk*worte*, andere brauchen vielleicht Merk*bilder* oder eine andere Gedächtnisstütze. Jeder Mensch muss selber herausfinden, was ihm am besten nützt.

Hoffentlich kommen nicht demnächst geschäftstüchtige Fachleute auf die Idee, *die richtige* Vorgehensweise für alle auszuhecken, zu der die alten Menschen angeleitet werden müssen. Ganz abwegig ist diese Befürchtung nicht, wenn man sieht, wie viel Unfug sich in Betreuung und Pflege von alten Menschen – neben vielen richtigen, hilfreichen und seriösen Ansätzen – da und dort breit macht. Fachpersonen sollen und können ihr Know-how nutzen und sinnvoll einsetzen, indem sie alten Menschen dabei behilflich sind, selbst herauszufinden, wie sie *auf ihre Weise* der Vergesslichkeit etwas entgegensetzen können. Anregung, Ermutigung und Bestätigung vermögen da einiges zu bewirken. Wichtigste Voraussetzung ist (einmal mehr!) *Empathie*, d.h. sich in die Erlebensweise anderer Menschen einfühlen und *ihre* Ressourcen wahrnehmen und sie dabei unterstützen, *ihren eigenen Weg* zu finden, selbst wenn er den Fachleuten seltsam erscheint.

Ich finde mich manchmal selber seltsam. Wenn ich mich dabei ertappe, wie ich vor mich hin stöhne, weil mir etwas schwerfällt oder wehtut, erschrecke ich jedes Mal. Bin ich jetzt so eine komische alte Frau, die von jüngeren Menschen mitleidig belächelt wird? (»Komische Alte« hieß früher beim Theater das Rollenfach für ältere Schauspielerinnen!) Und wenn schon – warum soll ich nicht stöhnen, wenn es mir Erleichterung verschafft? Zuhause hört mich ja niemand. In Anwesenheit anderer passiert mir das nie – bisher jedenfalls. Und wenn es eines Tages doch passieren sollte – wäre das so schlimm?

Manchmal stelle ich mir vor, was Leute denken, die mich nach längerer Zeit wiedersehen: »Sie ist sehr gealtert seit dem letzten Mal«, »Es geht sichtlich bergab mit ihr« oder so ähnlich. Gesagt hat das bisher niemand. Vielleicht sind es vor allem meine eigenen Gedanken, die ich auf andere übertrage. Doch nicht nur: Inzwischen reagieren manche Leute sehr offen. Der Hauswart, den ich neulich wieder einmal vor der Haustür traf, meinte besorgt: »Sie gehen aber gar nicht gut, war das nicht schon mal besser?« Und neulich in dem Hotel im Bregenzerwald, wo ich jedes Jahr ein paar Tage verbringe, begrüßte mich ein Gast, der mich vom vorigen Jahr kannte, sichtlich erschrocken mit der Frage: »Sie gehen so schlecht, hatten Sie einen Unfall?« Ich schätze diese Ehrlichkeit. Sie ist mir wesentlich lieber als das betretene Herunterschlucken solcher Reaktionen (die unterschwellig ja doch irgendwie spürbar sind) oder – noch schlimmer – als verlogene Schmeichelei. Die Frau im Rentenalter, die in diesem Jahr weiterhin die Zimmer macht, nimmt ebenfalls kein Blatt vor den Mund, das habe ich schon bei anderer Gelegenheit erfahren. Es war ehrlich gemeint, als sie befand: »Sie sehen besser aus als letztes Jahr.« Beides stimmt: Ich gehe wesentlich unsicherer als vor einem Jahr, aber insgesamt fühle ich mich heute besser, vielleicht, weil ich mich inzwischen an die Einschränkungen gewöhnt und sie akzeptiert habe.

DEN SOMMER habe ich immer geliebt. Nie hätte ich gedacht, dass mir die (in diesem Jahr allerdings extreme) Hitze einmal so zusetzen könnte. Tagelang war ich wie gelähmt, hing herum wie eine tote Fliege und sehnte mich nach einem erlösenden Gewitter, das weit und breit nicht in Sicht war. Ich kann heute verstehen, wieso alte Menschen gewarnt werden, sie sollten bei diesen Temperaturen vorsichtig sein und tagsüber tunlichst im Haus bleiben. Das habe ich brav gemacht und bin nur, wenn unbedingt nötig, morgens kurz über die Straße gegangen, um einzukaufen. Trotzdem habe ich das deutliche Gefühl, dass dieser Sommer meine Lebenszeit verkürzt, weil der Organismus bei solchen Temperaturen ungewöhnlich stark belastet wird.

Geradezu als Erlösung empfand ich es, zum ersten Mal wieder im See zu schwimmen. Nach dem Ausbruch der massiven Rückenprobleme vor zwei Jahren war das erneut nicht mehr möglich gewesen, und ich war überzeugt, diesmal sei es endgültig damit vorbei. Ich hätte mich nicht getraut, es wieder zu versuchen, wenn mir mein ältester Enkel nicht Mut gemacht und auf rührende Weise angeboten hätte, beim ersten Mal mitzukommen und auf mich aufzupassen. Was für ein aufregender Moment, unter seiner Obhut zum ersten Mal wieder auf dem schmalen Treppchen zaghaft ins Wasser hinunterzusteigen und loszuschwimmen, anfangs noch sehr unsicher – aber es ging. Und es war wunderbar! Das Gefühl der Frische hält sich lange im Körper, und ich fühle mich den ganzen Tag über wesentlich besser. Seit dem vorsichtigen ersten Versuch wage ich es jetzt auch wieder allein und gehe fast jeden Tag schwimmen. Das verbessert meine sommerliche Lebensqualität ganz erheblich. Ich bin meinem Enkel unendlich dankbar, dass er mir diese Möglichkeit wieder neu erschlossen hat.

Es ist sehr beglückend zu erleben, dass Fähigkeiten, die eine Zeitlang nicht mehr vorhanden waren, nicht zwangsläufig für immer verloren sind. Manchmal lassen sie sich wieder wachrufen, selbst mit über achtzig. Es lohnt sich, es auszuprobieren. Sicher geht das nicht immer, vieles ist endgültig vorbei. Doch nicht alles. Das sehe ich beim Yoga: Manchmal kann ich mir plötzlich vorstellen, eine bestimmte Bewegung zu machen, die mir seit längerer Zeit nicht mehr möglich gewesen ist. Dann probiere ich es vorsichtig, und siehe da: Meistens geht es. Dass ich es mir wieder vorstellen kann, erweist sich als recht zuverlässiger Hinweis, dass ich es tatsächlich kann.

Natürlich darf man sich nichts vormachen: Mit manchen Beeinträchtigungen, die das Alter mit sich bringt, muss man sich definitiv abfinden. Doch man sollte sich nicht einreden, dass alles, was eine Zeitlang nicht mehr ging, nie wieder möglich sein werde. Damit schränkt man sich viel mehr ein als nötig wäre, sodass die betreffenden Fähigkeiten tatsächlich langsam aber sicher verkümmern. Ebenso verkehrt ist die Folgerung: Wenn das nicht mehr geht, geht jenes auch nicht mehr. Dieser Trugschluss ist weit verbreitet, nicht nur bei den alten Menschen selber, sondern leider auch bei Betreuerinnen und Betreuern. So werden Menschen behinderter, als sie es eigentlich wären.

Die Herausforderung besteht darin, altersbedingte Beeinträchtigungen zu akzeptieren, sie jedoch nicht resigniert als unbeeinflussbar hinzunehmen. (Wieder eine Doppelspur!) Ich muss herausfinden, was ich tun kann, um sie etwas einzudämmen und besser mit ihnen zurechtzukommen. Ganz unscheinbare Veränderungen der gewohnten Alltagsroutine können das Leben manchmal erheblich erleichtern und vor allem: Raum schaffen für das, was mir wesentlich ist. Allzu leicht kommt das zu kurz, wenn die alltäglichen Verrichtungen wegen der zunehmenden Verlangsamung immer mehr Zeit beanspruchen. Zudem werde ich sehr schnell müde und brauche unglaublich viel Schlaf, was die Tage noch mehr verkürzt. Also muss ich im Alltag den einen oder anderen Abstrich machen, damit genügend Raum bleibt für Anderes, Wichtigeres. Ganz unterschiedliche Dinge können in dieser Lebensphase wichtig sein. Was das ist, muss jeder Mensch für sich selber herausfinden. Für mich ist es nach wie vor die Beschäftigung und Auseinandersetzung mit fachlichen Themen und Fragen sowie vor allem das Schreiben.

Erstaunlicherweise bin ich gelegentlichen beruflichen Verpflichtungen immer noch gewachsen, besser als manchen alltäglichen Aufgaben, und stehe wenn nötig auch mal einen Tag ohne längere Ruhepausen durch. Das ist zwar ermüdend, aber gleichzeitig sehr belebend. Grund genug, nicht ganz auf berufliche Aktivitäten zu verzichten, sondern hin und wieder einen Vortrag, ein Seminar oder eine Weiterbildung zuzusagen. Natürlich dürfen es nicht zu viele sein, die abnehmenden Kräfte fordern ihren Tribut. Doch auf solche Verpflichtungen nicht ganz zu verzichten, sondern weiterhin gelegentlich die eine oder andere zu übernehmen, trägt viel zu meinem Wohlbefinden bei und hält mich lebendig.

Neulich hatte ich in dieser Hinsicht ein interessantes Erlebnis. Es war später Vormittag und ich wurde plötzlich so müde, dass ich merkte: Jetzt geht gar nichts mehr, ich muss erst mal eine Weile schlafen. Ich wollte mich gerade hinlegen, als das Telefon klingelte. Zuerst wollte ich gar nicht abnehmen, tat es dann aber doch. Der Anrufer hatte mich kurz zuvor wegen eines Vortrags angefragt und wollte mir jetzt seine Ideen zu dem geplanten Thema erläutern. Er stellte interessante Fragen, zu denen ich einiges zu sagen hatte. Meine Müdigkeit war wie weggeblasen und ich war sofort wieder voll da. Es entwickelte sich ein so anregendes Gespräch, dass ich den Vortrag spontan zusagte. Der hellwache Zustand hielt danach noch eine ganze Weile an, so dass ich noch einiges erledigen und etwas essen konnte und erst später wie gewohnt meinen Mittagsschlaf machte.

Diese Erfahrung hat mich erstaunt und nachdenklich gemacht. Könnte es sein, dass unser Organismus sich instinktiv darauf konzentriert, in erster Linie die Fähigkeiten zu erhalten, die für uns persönlich wesentlich sind? Wieder einmal zeigt sich, wie wichtig es ist, auf die »Weisheit« seines Organismus zu achten und das Handeln danach zu richten.

DIE DOPPELSPUR ist allgegenwärtig, es sind immer zwei Perspektiven in meinem Blickfeld: der näher kommende Tod und die Aussicht auf ein paar weitere Lebensjahre. Beides beeinflusst mein Handeln. Ich nehme Verpflichtungen für die kommenden Monate an, bereits kommen Termine für nächstes Jahr zur Sprache und gleichzeitig frage ich mich: Werde ich das noch erleben, kann ich die Zusage verantworten? Ich lerne Menschen kennen, mit denen ich den Kontakt weiter pflegen und vertiefen möchte und weiß, dass ich sie wahrscheinlich nie mehr wiedersehen werde.

Diese Parallelität ist eine ständige Herausforderung. Es ist nicht immer leicht, beide Spuren gleichzeitig zu beachten. Doch in dieser Lebensphase ist das unerlässlich. Wenn ich immer nur daran denken würde, dass ich ohnehin bald sterbe, würde ich passiv und gleichgültig werden und die kostbare Lebenszeit, die mir noch vergönnt ist, leichtfertig vergeuden. Ebenso falsch wäre es, den Tod einfach auszublenden und zu tun, als ginge das Leben ewig so weiter.

Das stets präsente Wissen um das unerbittliche Näherkommen des Todes schließt Lebensfreude nicht aus, im Gegenteil. Sie zieht sich wie ein warmer Grundton durch diese Jahre, ungeachtet der kleinen Misshelligkeiten und Ärgernisse, die dazugehören. Es ist kein heftiger Freudentaumel, sondern eine stille, stetige Freude am Leben, die Raum lässt für wehmütige Gefühle, weil es bald zu Ende sein wird.

Sterben ist in meinem Alter kein Schicksalsschlag, sondern ein natürliches Geschehen. Wir wissen von Anfang an, dass unser Lebensweg darauf zuführt. In jüngeren Jahren dämmert dieses Bewusstsein nur verschwommen im Hintergrund, doch mit zunehmendem Alter rückt es mehr und mehr ins Blickfeld, bis es schließlich zum ständigen Begleiter wird. Es ist normal, sich in meinem Alter mit dem Herannahen des Todes auseinandersetzen zu müssen. Ich bedaure zwar, dass das so ist, aber ich lehne mich nicht dagegen auf.

Ja, ich bin eine (vielleicht manchmal seltsame) wacklige alte Frau. Aber nicht nur. Ich bin auch noch Anderes. Dieses Andere nicht aus den Augen zu verlieren, sondern es zu leben und mich seinen Herausforderungen zu stellen, gibt meinem Leben Sinn und verschafft mir immer wieder intensive Glücksmomente. Die späten Jahre sind ein Geschenk, für das ich sehr dankbar bin.